序

站在贺兰山下，著名作家冯骥才先生曾发出“岁月失语，惟石能言”的感慨。这里的“石”指的是文化遗产，“言”则是叙说。作家这句话大概是说，时光荏苒，岁月无声，唯有文化遗产才能为我们讲述曾经那一幕幕鲜活的历史。

文化遗产涵盖的范围很广，其中以物质形态存在的部分，我们习惯上称之为文物。尽管几乎每一件文物都经历了成百上千年，但如今，它们出现在我们眼前时，不仅代表了某段历史的存在，而且承载着历史故事，代表了历史生命周期延续至今，所以才有人说：“热爱历史的人，是最现代的。”

文物还承载着大量历史、艺术、科学和文化信息，而这些信息不仅反映那个时代人们的审美情趣、社会风尚和技术水平，而且经常启发并鼓励我们进行新的创造，所以才有人说：“博物馆是新的文化创造的催化剂。”

“听！国宝在说话”这套书，就为读者精心挑选出一些具有代表性的文物，使人们了解它们背后充满生命气息的故事，启发人们从祖先留给我们的文化财富中汲取智慧的营养，去创造我们今天更加美好的生活。

如书中讲述的良渚文化玉琮的故事就是这样展开的：5000多年以前，我们的祖先过着怎样的生活？为什么要制作那么复杂的玉器？良渚文化玉琮又是如何制作的？体现了祖先在哪些方面的智慧？反映了当时怎样的精神信仰？今天的人们如何延续并改进这种传承数千年的技艺？我们的现代文明，不正是在类似于这些原始的智慧上一点点升级、实验，并且改造、积淀而成的吗？

从根本上讲，文物之所以能“言”，是因为它们承载的是历史记忆与传统文化。时光流逝，我们永远无法重返曾经的年代，但通过这些文物，我们的眼前仿佛呈现出那时鲜活的生活画卷和我们勤劳智慧的先民的形象。其实这些文物一直在对我们讲述着“我们是谁？我们从哪里来？”，启发我们思考“我们将向哪里去？”。伴随着它们的声音，我们也成为连接昨天、今天和未来的“文物”。

上海大学教授、博士生导师

国际博物馆协会副主席

2021年9月于上海

听！国宝在说话

崛起之路

鲸鱼座◎编著
虫创纪文化◎绘

童趣出版有限公司编　人民邮电出版社出版
北　京

图书在版编目（CIP）数据

听！国宝在说话. 崛起之路 / 鲸鱼座编著 ; 虫创纪文化绘 ; 童趣出版有限公司编. -- 北京 : 人民邮电出版社, 2022.9
ISBN 978-7-115-58194-5

Ⅰ. ①听… Ⅱ. ①鲸… ②虫… ③童… Ⅲ. ①中国历史－秦汉时代－少儿读物②中国历史－魏晋南北朝时代－少儿读物 Ⅳ. ①K209

中国版本图书馆CIP数据核字(2021)第255861号

责任编辑：何熙楠
责任印制：李晓敏
封面设计：韩木华
排版制作：罗筱筱

编　　：童趣出版有限公司
出　版：人民邮电出版社
地　址：北京市丰台区成寿寺路 11 号邮电出版大厦（100164）
网　址：www.childrenfun.com.cn

读者热线：010-81054177
经销电话：010-81054120

印　刷：北京华联印刷有限公司
开　本：710×1000 1/16
印　张：12.25
字　数：155 千字
版　次：2022 年 9 月第 1 版 2022 年 9 月第 1 次印刷
书　号：ISBN 978-7-115-58194-5
定　价：58.00 元

丛书编委会

主任

闫宏斌 故宫博物院副院长，中国博物馆协会市场推广与公共关系专委会主任委员

副主任（按姓氏音序排列）

蔡　琴 浙江省博物馆副馆长

刘　栋 河北博物院副院长

陆建松 复旦大学文物与博物馆学系教授、博士生导师

马萧林 河南博物院院长

田　静 秦始皇帝陵博物院党委副书记、副院长

王　青 山东大学考古学与博物馆学系教授、博士生导师

委员（按姓氏音序排列）

桂　岩 中国教育电视台《博物馆之夜》总导演

康文伟 弘博网总编辑，中国博物馆协会理事

马洪涛 吉林大学考古学硕士，上海世茂文化发展有限公司博物馆运营专员

王悦婧 山东大学文物与博物馆学硕士，《国宝来了：百大博物馆文物精讲》音频课程制作人

卫松涛 山东大学考古学及博物馆学硕士，山东博物馆副研究馆员

邢　鹏 首都博物馆藏品保管部副研究员

姚　玥 中国社会科学院大学文物与博物馆学硕士

余智雯 台湾省辅仁大学博物馆学研究所硕士，上海博物馆藏品保管部馆员

张　冲 山东大学文物与博物馆学硕士，淄博市博物馆文物保管研究部文博馆员

张　珂 上海世博会博物馆信息推广部信息主管

赵　娜 复旦大学文物与博物馆系博士生在读，成都金沙遗址博物馆助理馆员

朱良赛 山东大学文物与博物馆学硕士，连云港市博物馆考古部主任

自序：那些文物所亲历的迷人历史

文物不仅仅是藏在博物馆里的冷冰冰的物件，也是人类悲欢的亲历者。我们了解文物的历史，其实就是经历传承文明的过程。换个角度来说，当你看完一篇文物故事，其实就已经和文物融为一体，成为历史的一环。

在读过一些用文物来讲历史的书后，我惊叹于从石器到太阳能充电器的人类200万年文明史，感动于来自一座7世纪英国墓葬中的头盔的故事，折服于主创团队在讲述失败者故事时传递的温暖和对待不同文明的谦卑态度……

这些阅读经历对于“听！国宝在说话”这套书的立项及创作都有很大的影响。从一开始，我们就确定好它不应该是说教或者结论性的知识输出，最好是由无数个细节诉说的迷人故事；它也不应当带有偏见和狭隘的主观意识，那些寻常物件也是历史的真

实构成，是今天的我们仍可以感知和触摸的记忆。

真实的历史，往往来自“亲历者”。那么谁是“亲历者”呢？是一手的历史记录吗？是代代相传的当事人回忆吗？还是“历史的想象”与“构造的历史”？可能都不尽然，相比之下，那些一直在场的物件才更有发言权。2300多年前的商鞅方升，记录了商鞅的指令，百年后又刻上了秦始皇的政令，在它身上，商鞅和秦始皇展开了一次浪漫的时空对话，它见证了大秦帝国的崛起；半个手掌大小的皇后之玺，与大汉朝的吕后朝夕相伴，时光剪影中残留着吕后的杀伐决断；还有虞弘墓石椁，是北朝时期外交官虞弘的安息之所，上面刻画的图案是他一生的见闻，饱含他心底那一抹浓厚的乡愁……

“亲历者”会如何来讲故事呢？我们认为，在娓娓道来自身经历的同时，还应该映射当时的时代，这样才能帮助我们更好地理解它的经历。我们将每个文物故事分成了“毛遂自荐”“星汉灿烂”“风流人物”和“余音绕梁”4个部分。从“亲历者”的自我介绍、时代背景、人物见证以及辗转至今的轨迹来讲述，希望

将它和它的时代，更丰满地呈现在青少年读者面前。

整套书参照了《中国考古学》《中华文明史》等资料，将中华文明看作一个整体，以80件文物讲述中国历史演进的几个重要阶段，对应整套书的4个分册：《先秦神器》《崛起之路》《盛世气象》和《走向世界》。文物的选取则都是国家级文物，力图反映中国历史上一些节点性的大事件或者影响较为深远的事件，这决定了它必然会映射那些改变历史进程的大人物，也决定了文物往往具有特别珍贵的历史、艺术等价值。

在讲述这些故事时，那没有姓名的芸芸众生，那些主流之外的边缘，也同样是我们珍视的“国宝”。因为有他们，我们在回首历史时，才能感受到充满感情的细腻片段。所以你会在书中看到一个叫作“小宋”的人，他有自己的小骄傲，完成作品后署上自己的姓氏。从他的这件得意之作中，我们可以品味他惊人的创造力。还有那件良渚玉琮，来自遥远的史前社会，看着它，似乎

都能想象到匠人日复一日地重复着这项工作。

这些就是我们想要探究的，也是书名的由来，我们希望你换个视角——听！国宝在说话。

特别感谢出版社的编辑老师，一遍又一遍地帮助我们在保留专业知识之余，把故事说得更温暖。还要特别感谢吴振鹏老师在这套书确立体例过程中的付出，以及对图书的无私推荐。感谢我多年好友，也是工作中的默契搭档王征导演给予的倾力支持，以及中国教育电视台的王越先生在图书出版事务性工作上的热情协助。

在这套书的编写过程中，我们尽可能地还原历史现场、丰满故事羽翼，但写作都有一定的主观性，不足之处还请读者朋友们多多指正。我们希望这样一套书，能够打开青少年了解文物的窗口，使青少年浸润在中华五千多年文明史长河中，感受辉煌历史，体会中华民族的伟大复兴。

鲸鱼座　王悦婧

2021年9月

目录

商鞅方升

现居地

上海博物馆

外形特征

长方形，有短柄

属性

青铜

个性签名

以我为“准”

毛遂自荐

其实我的本名叫升，但因为我的头长得方方的，大家就叫我方升；又因我是被一个叫“商鞅”的人监制的，所以我的名字就是“商鞅方升”。升，现在是一种容量单位。

别看我颜值不高，看起来就像一个没有盖子的金属盒，也没有什么特别的“才艺”，连一件漂亮的衣服都没有，但我却有着传奇的经历，因为造出我的人，以及使用我的人，都很了不起。当然，我自己也很争气，我在中国历史上起了非常了不起的作用，甚至可以说改变了中国历史。

想想那段历史，是在2300多年前了……

星汉灿烂

那时，中国大地上有很多小国，它们有时联合在一起，有时又打得不可开交，这就是春秋战国时期。

别看这些小国经常打架，但那时所有的“国”在名义上还是要服从周王朝的统治，它们仍然是周王朝的诸侯国，都要以周天子为尊。所以各国的较量，也包含了跟周天子的亲疏关系较量。这种情况对当时的一个诸侯国——秦国来说非常不利。因为秦国国君在拥有自己的封国之前，是专门给周天子养马的，没有显赫的身份。直到西周末年，他才因为救驾有功，被封为诸侯。

很多诸侯国国君都和周天子有点儿血缘关系。可不要小看这点儿关系，要知道那时有一个制度，叫“宗法制”。诸侯想要获得封赏、升官发财，都离不开以血缘为纽带的宗法关系。所以其他国就瞧不起秦国，很多国与国之间的联盟、互动都不带它。

再加上秦国地处偏僻的西北，其他国的人才都

不愿意去这荒蛮之地。缺乏人才的秦国，当时的发展并不算好。战国初期，秦国和魏国之间打了几场仗，秦国都失败了，丢了大片土地。那会儿对秦国来说可真是危急存亡之秋，当时秦国国君秦孝公十分着急，想找到强国之路。但人才不愿意来，这个路可怎么找呢？

秦孝公决定发布《求贤令》。在这篇文章中，秦孝公坦诚地表达，当时秦国的困境是因为先前国君治国的失误。这有点儿“不为亲者隐，不为尊者讳”，但秦孝公却认为，对秦国历代国君最大的尊重，就是带领秦国走向强盛！

风流人物

早年生活

正是这道《求贤令》，为秦国带来了商鞅。商鞅是卫国人，名鞅。他后来在秦国被封于商地，被称为商鞅。他早先给魏国相国公叔痤（cuó）当门客，就是给人当谋士，出谋划策。公叔痤很赏识商鞅，他在临终前把商鞅推荐给魏王当相国，他甚至对魏王说：“要是大王不想用鞅的话，就把他杀了，否则一旦鞅去了其他国，咱们魏国损失太大了。”但魏王没有认识到商鞅的才能，没有重用他。这时，商鞅看到了秦王的《求贤令》，决定去试试。

但经过魏国的事，商鞅在秦国“求职”时留了一个心眼儿，正所谓“千里马常有，而伯乐不常有”，他也要好好衡量下这位国君值不值得辅佐。于是商鞅按照自己的方式，与秦孝公进行了4场“面试”。

第一次商鞅跟秦孝公见面时，他给出的强秦之道是“帝道”，也就是老子的治国思想，要无为而治，要遵守祖上定下的规矩。结果秦孝公听得直瞌睡。

第二次商鞅给出的是“王道”，也就是遵循西周的等级制度，重用贵族。这次秦孝公没有睡着，但也没听进去。

第三次商鞅提出了“霸道”，简单来说，就是落后就要挨打。这次秦

孝公有了兴趣，他心想：秦国不就是这样吗？真是说到我心坎里去了，但是，具体要怎么做，你没说呀！于是被吊足了胃口的秦孝公，安排了第四次见面。

在这最后一次“面试”中，商鞅终于提出了自己的政治主张，那就是用法家的思想进行改革，依法治国！这次商鞅拿出了真本事，秦孝公也听得畅快，甚至忘了自己“面试官”的身份，同商鞅促膝长谈了好几天。就这样，君臣终于走到了一起。商鞅也不负众望，将秦国带向了强国之列。

实施变法

商鞅开始在秦国改革，他做的第一件事就是树立国家威信。他在当时的都城南门竖了一根木头，并下了一个悬赏令，内容大意是：“谁能把这根木头扛到北门去，赏10金！”不一会儿，大家都围了过来。有人说：“这根木头这么轻，谁都扛得动，怎么会赏10金？”有人说：“他肯定是在开玩笑。”大家你看我，我看你，就是没有一人上去扛木头。商鞅一看，就把赏钱提高到50金。就在这时，人群中突然跑出一个人说：“我来试试。”说着就把木头扛起来，一直扛到北门。结果商鞅马上就给了他50金。这件事马上传开了，一下轰动了全国。老百姓都说：原来国家挺靠谱儿的。这也是成语“徙木立信”的由来。

然后商鞅废除了旧的世卿世禄制度，这个制度在当时是选拔官员的重要标准。就是说，你爸爸当官，那你也当；你爸爸是平民，那你也是平民。我们一下就能看出这项制度的弊端：国家不能挖掘真正有才能的人。于是商鞅做出规定：宗室子弟，凡是没有军功的，就要被剥夺贵族身份；反过来，平民要是在战场上立了功，国家就论功行赏，给予房子、土地，并且能当官。由于商鞅已经树立了国家威信，所以人们相信他的话。于是想立功的人在战场上奋勇杀敌，秦军也成了远近闻名的“虎狼之师”，很多平民开始因军功而获得封赏。

而在分配与交易层面，商鞅也解决了一个长期存在的问题，这就是由于秦国度量衡不统一而造成的交易混乱。

什么是度量衡呢？度就是长度，量就是体积，衡则是重量。要知道，当时秦国各地这些标准都不一样！这会造成什么结果呢？比如，你去买豆子的时候，卖豆子的说这盒豆子有一升，而你可能会说：“不对，这盒豆子只有半升，因为我家里有个同样大的盒子。”大家都认为自己的方法才是合理的，就很难达成公平交易。所以商鞅就定下来一个标准，整个国家都要用这个统一的标准来测量，这样就方便了买卖交易，市场也就繁荣起来了。

商鞅方升正是秦国统一度量衡的直接物证，上面的铭文解释了它的功能——一个标准器。而且还能看出统一度量衡的过程并非一蹴而就，是随着秦国的实力增强而不断扩展辐射范围的。方升上的两次刻铭就印证了这一进程的关键节点。方升左边的第一次刻铭表现了秦孝公十八年（公元前344年），为了方便在秦国内的交易，同时确保能足额足量地完成国家税收，而开展的统一度量衡工作。那么第二次刻铭是在什么时候呢？

商鞅被杀

通过两次变法，秦国日益强盛，但商鞅却落得车裂（五马分尸）的下场，这是为什么呢？因为改革会动摇旧有的势力。这种变革可不是轻而易举的事，有极大的风险。比如，实施变法时，没军功的贵族会被剥夺其贵族身份。这势必会触碰到很多贵族的利益，这些人采取各种各样的办法来对付商鞅，这也是历朝历代改革者都会遇到的难题。

历史上，有的人退缩了，改革也就失败了；还有的人，他们敢于为心中的理想献上自己的生命，商鞅就是这样的人。

随着变法的推进，他得罪的人越来越多。大家都知道秦孝公支持他，被触犯了

利益的贵族们就去太子驷那里告状。太子年轻气盛，就跟商鞅对着来，结果触犯了新法。商鞅一下也陷入两难，太子犯法，应该处理吗？不处理，好不容易通过“徙木立信”树立的国家威信就没了；处理，这得罪的可是未来的统治者啊！想了想自己的政治抱负，商鞅决定，王子犯法，与庶民同罪！但太子是国君的继承人，不能对他施以刑罚，于是太子的老师公子虔代为受过，而公子虔也是太子的叔叔。

这下商鞅得罪的人就更多了——未来的国君、现任国君的兄弟，还有一大批贵族。秦孝公去世后，商鞅失去了庇护，自然就成了众人攻击的目标，被处以五马分尸的极刑。

秦法犹存

商君虽死，秦法犹存！其实秦孝公之子、秦惠文王驷也知道变法有利于秦国，但一是为了报当年的仇，二是刚继承王位，毕竟根基不稳，需要获得旧贵族的支持，所以他才把商鞅处死，以巩固自己的地位。但商鞅立下的各种律令，依然保存了下来。所以商鞅的结局虽然悲壮，但变法的结局并不悲剧。

甚至后来的千古一帝秦始皇对商鞅变法也是肯定的。这一点，在商鞅方升上就有体现。这也就是商鞅方升第二次刻铭的背景。

秦始皇统一六国后，将商鞅统一度量衡的政策在全国推广。于是颁布了一道诏书，还命人将诏书内容刻在了这件已经使用了100多年的方升底部距离第一组铭文很近的位置。铭文写道：“廿六年，皇帝尽并兼天下诸侯，黔首大安，立号为皇帝。乃诏丞相状、绾：法度量则不壹嫌疑者，皆明壹之。”大意是说，秦王政二十六年，也就是公元前221年，秦统一中国后，秦始皇命令丞相隗（wěi）状和王绾（wǎn）将商鞅制定的标准推行至全国，代替列国复杂的量制。

商鞅方升仿佛是秦始皇和商鞅跨越百年的时空，在历史长河中的一次对话。除了在统一度量衡上的高

度默契外，他们二人还有很多相似之处，比如都主张以法家思想治国、推崇严刑峻法等。

余音绕梁

1903年，近代著名的鉴藏家和实业家龚心铭以重金购得商鞅方升，并同其弟龚心钊开始潜心研究与考证，商鞅方升的铭文、拓本因此陆续见诸报端。但不承想，商鞅方升竟然给龚家带来了一系列意想不到的冲击。

首先是当时龚心铭在汇丰银行的贷款即将到期，银行提出若以商鞅方升做抵押，用钱仍然可以不受限制。为了保住商鞅方升，龚心铭的儿媳妇朱静宜变卖了自己的嫁妆偿还了贷款。

到了日伪时期，日本人又把目光瞄准了商鞅方升。但无论日本人以权势相压，还是出重金利诱，龚心铭的儿子都坚称商鞅方升早就被其父亲卖去了外国，骗过日本人，终于把商鞅方升留在了中华大地上。

20世纪80年代，龚氏后人再三思量，最终决定将商鞅方升等文物交给上海博物馆收藏。

关于商鞅方升的故事就为你介绍到这里，如果你有兴趣的话，欢迎来上海博物馆跟它打个招呼！

琅琊刻石

现居地
中国国家博物馆

外形特征
现有残石差不多是你家里单开门冰箱三分之二那么大

属性
石

个性签名
面朝大海，诉说一统天下的豪言壮语！

毛遂自荐

我来自大秦帝国，出现在原属于齐国东方的琅琊。想当年，秦始皇曾在这里面朝大海，内心汹涌澎湃、激动万分。为使后人世世代代铭记他统一六国的丰功伟绩，便勒石刻铭。后来，秦始皇的儿子秦二世循着父亲的足迹再次东巡琅琊，在父亲所立石刻之上进行了补刻，这就是我——一块记录了秦朝两位皇帝事迹的丰碑。

沧桑，当你看到这个词的时候不知会想起什么，但当你看到我的容颜时，想必这个词肯定会从你脑海中蹦出来。需要历经多少风霜，多少寒来暑往，才能造就我的容颜？

想当年，我也曾青春年少、意气风发，秦始皇曾刻有497字来“颂秦德，明得意”，而今只剩下2行；其余11行是秦二世补刻的诏书和从臣的姓名。两位皇帝的刻文共残存13行87字。幸亏西汉史学家司马迁在《史记》中对秦始皇所刻诏书进行了记载，使得2000多年后的你们仍能感受到大秦一统天下的豪迈气概！

众所周知，大秦帝国统一六国后“车同轨，书同文”，在全国范围内采用小篆作为规范字体，一改之前文字混乱的现象。据说，在文字统一之前，“宝”字有194种写法，“眉”字有104种写法，“寿”字也有100多种写法，可想而知当时使用文字交流的混乱与不便。我身上的铭文字体是规范的小篆，用笔工整严谨，但整体又飘逸舒展，非常适合庄重、严肃的场合，而我也成了历代研习小篆者的必备模板。

要说大秦帝国的刻石家族，我还有6位兄弟，它们分别是泰山刻石、峄（yì）山刻石、芝罘（fú）刻石、东观刻石、碣石刻石和会（kuài）稽刻石。可2000多年后，其中5位兄弟早已不知所踪，只留下我和泰山刻石存于世间。虽早已“白发苍苍”，但比起我那些兄弟来，我还是比较幸运的。而我仅存的兄弟泰山刻石身上也仅有残缺的10个字了，我想，这大概就是岁月的无情，也是岁月的魅力吧。

遥想当年，我身上《始皇颂诗》中，“六合之内，皇帝之土。西涉流沙，南尽北户。东有东海，北过大夏。人迹所至，无不臣者。功盖五帝，泽及牛马。莫不受德，各安其宇”是何等景象啊！

星汉灿烂

公元前221年，秦始皇统一六国，建立大秦帝国，但这只是一个新的起点，如何统治偌大的国家是一个亟须解决的问题。战国时期，秦国国土包括今陕西关中和甘肃的东南部，而战国时期的其他六国大部分位于黄河、长江中下游的大平原。秦朝时，如果统治者仅仅封闭在关中，想要统治其他地方是非常困难的，只能向地方上发布命令、派遣官吏，但这仍然不便管辖。为此，秦始皇从公元前220年，也就是统一六国后的第二年，到他去世前的这10年间，5次巡视全国，登上东方的崇山峻岭，瞭望东海。在这5次巡游中，秦始皇有4次都到过东方的大海。

风流人物

秦始皇三登琅琊台

琅琊刻石虽然是秦始皇为了彰显统一天下的功绩，以文字的形式刻的石头，但从客观上来说，这样也加强了崛起于西部的秦国对东部地区的统治。刻石承担了“帝国丰碑”的功能，刻石所在地琅琊，对于秦始皇和大秦帝国来说，也是一个颇为奇幻的地方，因为这里有关于长生不老的传说。

公元前219年，秦始皇在第二次东巡时，便到了琅琊台。当他到达此地时，不禁被眼前的旖旎风光所吸引：波光粼粼的海面、时隐时现的岛屿。他不禁想：是不是岛上住着长生不老的仙人呢？又能否向他们求得灵丹妙药呢？那一刻，秦始皇思绪万千，于是他决定留下来，既能细赏美景，又能求得答案。秦始皇在此地逗留了3个多月，

将3万民众迁徙于此，并免除当地12年的赋税。此外，他还重新修建琅琊台，设立行宫，修御道3条。当时的琅琊台台基有3层，每层高近10米，上面宽阔平坦，长约2.5千米，宽有200余步，傲然耸立于海滨之上。在此期间，秦始皇还与方士安期生交谈了3天3夜，并赐给他价值万两的黄金、玉璧，但安期生并没有接受，他将这些金银财宝留在了琅琊郡阜乡亭，只留下一封书信和一双赤玉鞋作为报答。临走时，他还说了一句："过些年，来蓬莱山找我吧！"

后来，方士徐福又向秦始皇上书，说大海之中有蓬莱、方丈、瀛洲3座仙山，山中有仙人，可以渡海上山求取长生不老药。秦始皇对此深信不疑，便派徐福率领童男童女斋戒后入海求仙。第二年，秦始皇第三次东巡，行至烟台芝罘，南经琅琊台，折返回咸阳，这次他没有见到徐福。

公元前210年，秦始皇第五次东巡。到达琅琊台后，秦始皇首先想到的就是之前方士徐福所求的灵丹妙药，而徐福多年入海求仙并没有得到长生不老药，却耗费了大量财宝。徐福因害怕被惩罚便谎称海中有大蛟鱼阻拦，请求配备弓箭手再次入海。秦始皇听罢，想起自己梦中曾与海神大战，占卜说有大蛟鱼作祟，应当除之，徐福的话与梦境很像，便重新信任了徐福。

秦始皇和徐福携五谷、百工、童男童女数千人从琅琊台起航，再次入海求仙。当船行至芝罘后，果然见到一条巨大的鱼，便用连弩将其射杀。而后秦始皇沿海西归，徐福率领船队继续向东航行，最终到达了日本。回到陆地后没多久，秦始皇突发疾病，死于河北沙丘，而他苦苦追求的长生不老最终成了泡影……

李斯定小篆

再来跟你说说我身上的文字，这种字体是小篆。说起小篆，不得

不提当时的丞相李斯。

李斯是秦朝丞相，秦始皇的左膀右臂，也是著名的书法家。秦统一六国后，李斯就上奏章说：“上古时所创制的大篆，在社会上还很通行，但这些大篆字体毕竟是远古时期的产物，很多人不认识。现在应该删减大篆中烦琐的笔画，选取复合字体中的一部分，加工改造，变成小篆。”秦始皇肯定了他的建议，命李斯作《仓颉（jié）篇》，赵高作《爰（yuán）历篇》，胡毋（wú）敬作《博学篇》，作为学童启蒙的识字课本和推广应用的模范。从此，小篆就成了秦朝的通行书体，这就是所谓的“书同文”。李斯的《仓颉篇》共7章，每4字为一句，成为当时人们所临习的范本，而包括我在内的石刻、碑刻、玺印等载体之上的文字，皆为李斯等人所定。

余音绕梁

历经2000多年的雨雪风霜，我能幸存于世，可谓磨难重重！

琅琊台自秦始皇刻石起便驰名天下，历代帝王将相、文人骚客，多有登临。北宋熙宁年间，著名词人苏轼到此拜谒时，秦始皇所刻的颂诗部分已不复存在，仅留下一些从臣姓名，但秦二世所刻诏书仍在。北宋政和年间，金石学家赵明诚偕同夫人李清照从青州回到故乡诸城，对我进行了精深的考证，他们在《金石录》中也提到了当时我已残缺不全的事实。

转眼到了明朝万历年间，当时诸城知县——著名书法家颜真卿的后裔颜悦道，为了保护我，立了一块巨碑，将我仅存的后半部分切下，镶嵌在大石碑上，立在海神庙前。清朝顺治年间，诸城知县程滂（fāng）见镶嵌碑刻的大碑南面空无一字，便找工匠磨平迸裂石面，镌刻“长天一色”4个大字。

后来，我又遭遇了雷击，散成碎裂的碑石，幸得多位能人救护，我才有机会在现代与大家见面。1959年，我被移入了中国历史博物馆（今中国国家博物馆），终于有了最好的归宿……

秦始皇帝陵铜车马

现居地
秦始皇帝陵博物院

外形特征
真车真马大小的一半

属性
青铜

个性签名
灵魂之车，驶向永恒

毛遂自荐

要是有人问你这世上最贵的车是哪一辆，你第一个会想到谁呢？是顶级的豪车，还是限量版的赛车呢？但我敢肯定，如果你认识我，心里就会有不同答案了，你一定会觉得我是这世上当之无愧的最“贵”的车。为什么这么说呢？请听我慢慢道来。

我是一组来自大秦帝国的彩绘铜车马，发现于秦始皇帝陵陪葬车马坑内，是迄今发现的体形最大、结构最复杂、系驾关系最完整、制造最精美、彩绘最丰富的古代青铜制品。因为这一连串的“最”，我也被誉为“青铜之冠”。

从商周时期开始，中国古代君王就开始在陵墓里陪葬车马，但大多是真马搭配木车，这些很容易随着时间的推移消失殆尽，所以出土时，后人往往很难看清楚古代御用车驾的真实面貌。直到我出土后，人们才第一次真真切切地看清古代御用车驾的形状、马车结构和制作工艺。

生动逼真的造型

我一共由两辆铜车马组成，按出土时的先后顺序编为一号车和二号车。两辆车马都是由一个车辕、两个车轮、四匹骏马和一位车夫组成的。一号车为前车，在古代叫立车或高车，只能站人。车厢比较小且是敞开的，中间撑有一把大伞盖。车上站着一位驾车的车夫，他手握缰绳，目视前方，神情专注且警觉。他的身上配有宝剑，身旁还放有弓箭。你是否很好奇为什么他驾车时还带着武器，而且还一脸紧张、严肃的表情？那就要说说这辆车的功能了——这辆车是在主人乘坐后车出行时，在前方开道、警戒和征伐用的，作用类似于今天的警卫车。

二号车为后车，古人称之为“安车”，是供主人出行乘坐的。形体较一号车大，车厢是方形的，上有椭圆形大车篷盖，在方形封闭的车厢前方留有一扇门和一扇窗，两侧各有一扇窗。如此巧妙的设计，能确保主人坐在里面的时候既安全又通风，非常舒适。在车厢前坐着一位驾车人，手握着缰绳，因为有前车开道，这位驾车人就比较舒服了，不用带兵器，可以坐着驾车，面露微笑。

虽然我是陪葬车马，只有真车马的一半大，但质量也超过了2.3吨。其中，使用的黄金和白银就有14千克，让我看起来豪华奢侈，光彩夺目。而且我整体造型生动，特别是那8匹铜马神态各异，或举颈昂首正视前方，或马头略向外偏，似乎在用力拉车，一幅马车奔驰而过的画面呼之欲出。而且秦朝的艺术家们还在我身上施了漂亮的彩绘，使我看起来美轮美奂。那么，体形巨大而又精美的我是怎么被制作出来的呢？

高难度的制作工艺

我的主要材质是青铜，共由7000多个零部件组装而成，零件和零件之间有焊接上的，有铸上的，也有套扣上的，采用了10多种制作工艺，制作难度可想而知。下面我就以二号车的一个部件——车篷盖为例，带你感受一下它的制作难度。

实用马车的篷盖是用丝绸做成的，而二号车的篷盖用青铜制成，但秦朝工匠们却用青铜完美地表现出了丝绸的厚度、质感和花纹。二号车的车篷盖呈椭圆形，中间拱起，正反两面都绘有精美纹饰，面积达2.3平方米，可以并排躺下3个壮汉。这么大一块，却没有锻打、焊

接的痕迹，是一次铸造而成的。更令人惊叹的是，它非常薄，最厚处也只有4毫米，而最薄的地方仅有1毫米！秦始皇帝陵博物院在复制二号车时，曾邀请多家顶尖的铸造企业进行篷盖复制试验，至今还没有成功的案例，仍无法解决秦朝工匠早在2000多年前已经攻克的技术难题。

巧妙的驾驶方法

说了这么多，你肯定很好奇，我是怎么驾驶的呢？具体说就是驾车的人如何控制马匹呢？《诗经·秦风·小戎》记载，“四牡孔阜，六辔（pèi）在手”，意思是说4匹马拉车，驾车的人手中握有6根控制马匹的绳子。但每匹马都需要2根绳子才能控制，4匹马就应当由8根绳子控制，为什么古代驾车人手中只有6根绳子呢？史学界长期以来对此争论不休。直到我出土后，才清晰、准确地向人们展示了驷马单辕车控马绳子的分配办法。

由于中间两匹马连为一体，它们中间的控制绳功能几乎可以忽略，所以就系结在车厢前面的车栏板上。其余6根绳子分别握在驾车人手中，马体右侧的绳子握在右手中，马体左侧的绳子握在左手中，右转弯牵动右手的绳子，左转弯牵动左手

的绳子，听起来是不是还挺简单的？

了解了这些之后，你是不是也产生了一些疑问：我的主人究竟是谁？古人为何能把我制作得如此生动逼真？又为何要耗费巨大的人力、物力制作我用来陪葬呢？答案都在我生活的那个年代和我主人那纵横万里的雄心壮志中……

星汉灿烂

我生活在2200多年前的大秦帝国，一直以来，秦人就与车马有着不解之缘，从发迹、立国到后来的统一六国的战争，车马都做出了不可磨灭的贡献。

而传说早在远古舜帝时期，秦人的祖先就与马有了深厚的缘分。据说在那时，早在远古舜帝时期，

有一位叫大费的青年，因善于养马被任命为官，他忠于职守，养出了一大批骏马，舜帝感念他的功劳，赐他嬴姓，赏赐他西北老家秦地作为他的封地。这就是秦人的祖先大费以养马发迹的故事。后来秦人凭借西北地区天然的马场条件，世代养马，成为善于养马的部族。

到周平王迁都洛阳时，秦国的统治者又一次因为马而立功。当时秦襄公献上大批良马护送周平王迁都，而获封公爵。秦国的政治地位有了很大提升。

等到我的主人秦王政继位时，诸雄争霸，战事频发。秦人善于养马就为秦国军队战斗力的提升奠定了基础。据史书记载，在“战国七雄”中，当时魏国拥有“骑五千匹”，燕国拥有“骑六千匹”，而此时的秦国已是“车千乘，骑万匹”了。所以说车马成就了秦人的事业，车马贯穿秦人发展的始终，秦人自然也就以最高的礼遇对待车马，所以能把我制作得惟妙惟肖也就不难理解了。

风流人物

我的主人就是大名鼎鼎的秦始皇，他是中国历史上第一位一统天下的皇帝，被后人称为“千古一帝”。公元前238年，22岁的秦王政开始亲理国事，依靠着“车千乘，骑万匹”强大的军队战斗力，秦国军队所向披靡，先后灭韩、赵、魏、楚、燕、齐六国，结束了诸侯争霸的局面，建立了大秦帝国。

秦王政统一全国后，他觉得自己的功绩比三皇五帝还要大，是开天辟地以来最伟大的人物，“王”的称号不足以表现出他的功绩。于是他从三皇五帝的称谓中创立了“皇帝”的尊号，自称“始皇帝”，宣布子孙称二世、三世，以至万世，代代承袭。

秦始皇实在太喜欢马了，或者说他清楚地认识到马对大秦帝国的作用，因而非常重视养马这项事业。秦朝时，秦始皇在全国建立起了一整套马政机构，颁布了与马相关的法律政策。让九卿之一的太仆主管全国马政，并在都城咸阳附近设立官马机构。同时他也鼓励私人养马，有一位叫马氏倮（luǒ）的人因为养了很多牛、马，还被秦始皇赏赐了封地。

而将铜车马用来陪葬，除了重视车马象征的军事力量，也与秦始皇的一个喜好有关。大秦帝国建立后，秦始皇为了巩固统治，先后5次去各地巡游。为彰显大秦帝国的强盛，秦始皇每次巡游都有规模宏大的车马队伍随同，浩浩荡荡，甚为壮观。

大概是这强大的大秦帝国让秦始皇引以为傲，那种巡游天下的浩大阵势令他痴迷，所以他在为自己修建陵墓时，不惜耗费巨资，不遗余力地模拟着自己大一统的帝国江山，比如制作成千上万的兵马俑来再现帝国的百万军队，并下令要用高大而精美的彩绘铜车马陪葬，让他在另一个世界也能巡游这气势恢宏的帝国。

这两辆彩绘铜车马被埋葬在秦始皇帝陵西侧，与成千上万的兵马俑一起，在地下世界，整装待发，似乎静静地等待着主人归来，一起巡游那山河壮丽的大秦帝国……

余音绕梁

1980年12月，在秦始皇帝陵现存封土西侧，考古专家发现了这组彩绘铜车马。可惜铜车马出土时被土层压着，已经破碎为3000多块碎片，发掘、清理十分耗时。考古专家推算，光清理一个马头可能就需要半年时间。怎么把铜车马从泥土中取出来，这让考古专家大伤脑筋。如果一块一块地挖出来，不仅会弄乱了位置，还会造成新的损坏，修复起来也更困难。最终，考古专家想到了一个办法：先把铜车马和埋着铜车马的土整体提取运到博物馆室内，边清理边修复。

修复人员按照零件大小、所处位置、残破程度、有无彩绘等各种不同情况，采用不同的修复技法。对于因长年在地下受到挤压，已经变形的部分，还要先做“矫形正骨手术”，使其恢复原状，甚至许多部件的修复完全是再创造。3000多块碎片，长达8年的精心修复，终于使铜车马恢复昔日风采，向后人展现它的英姿。1997年，铜车马一号车的修复还荣获了“国家科技进步二等奖”。

秦始皇帝陵铜车马是中国考古史上发现的制作最精美的青铜车马。它既令我们景仰，也让我们骄傲。欢迎你走进秦始皇帝陵博物院，领略秦人的聪明才智！

云梦睡虎地秦简

现居地
湖北省博物馆

外形特征
每枚大概一根筷子的大小

属性
竹

个性签名
小人物记录大时代

毛遂自荐

我既没有金玉般贵重的材质，也没有复杂的工艺，更没有精致的外表，我只是一枚枚普通的竹简，可我却被誉为“划时代的伟大发现”，被评为“新中国成立50周年全国十大考古发现”之一。

我是一批来自秦朝的竹简，在没有发明纸张之前，竹片是古人书写文字的主要材料。古人在竹片上用毛笔书写文字，然后用绳索将其编组而成书。我出土于湖北省云梦县睡虎地11号墓中，一共有1155枚，绝大多数保存完好。有的竹简两面均有墨书，但大部分只书于竹子篾黄（竹子表皮以里的部分）一面。书写好的竹简用细绳分上、中、下3道编结，按顺序编组成册，可分类整理为10部分内容。

书写我的人，是一位生活在战国晚期至秦始皇时期的小官吏，他擅长用毛笔在竹简上写秦隶，字迹清晰端秀，笔法浑厚朴拙，表现出一种从篆书向隶书转变的形态，具有极高的艺术价值。

我身上记录的文字4万多字，内容主要是秦时的法律制度、行政文书、医学著作，以及关于吉凶时日的占书。其中一半以上是关于秦朝法律的，所以我也被认为是中国迄今发现的最早、最完整的法典。史学界盛赞我的学术价值，说我的出现让秦国历史“活”了起来，极大地弥补了秦帝国史料的不足，是研究秦文化难得的实物资料。

但于普通百姓而言，他们却更感动于书写我的人——喜几十年如一日的勤勉、敬业精神。正是因为他的勤勉，2000多年后的人们才能通过这一枚枚竹简，一睹大秦帝国的恢宏景象，深刻感受那个时代的风起云涌和帝国崛起……

星汉灿烂

喜生活的时期是一个大变革的时代。秦国在秦王政的统治下统一了六国，结束了春秋战国以来几百年的战乱分裂，建立起强大的大秦帝国。

而喜作为秦国一名普通的小官吏，更是亲身见证了这一切的发生。他用心体会着每天的变化，为这些改变而欢欣，并且用自己的方式把这些变化一一记录下来。

喜把商鞅变法的举措都抄录在他的竹简上，仔细地学习揣摩。

自秦孝文王、秦庄襄王直至秦始皇统一天下过程中秦国的军政大事，他也一一记录下来。喜作为令史，工作内容与国家颁布的律法密切相关，他把当时秦国颁布的律法差不多都抄录了下来，日夜研读，甚至在每条律法的后面都记录相应的案例，以便工作中能更好地运用。他也抄录了一些常见的医书和占卜术书，方便在日常生活中查阅、使用。

就这样，喜用自己的方式，把他所处的大时代诸事一一记录了下来，这一写就是几十年，就是1000多枚竹简，就是4万多字的巨著。所幸，喜自己的故事，也在这坚持不懈的过程中被保留了下来……

风流人物

喜，姓氏不详。他17岁的时候从军，参加过秦始皇统一六国的战斗，也在官府当过小官吏。他所任最高职务是令史，是县令的下属，官职虽然不高，但喜对工作兢兢业业。用今天的话来说，他也算是一个工作狂，白天努力工作，晚上还坚持写工作记录，一直关心国家的发展，一直思考如何在自己的岗位上发光发热。

喜有两位好朋友，一位叫恢，一位叫敢。有一天晚上，俩人突然造访，看见喜还如往常一样，在微弱的灯光下，用细细的毛笔在筷子一样粗的竹简上，一笔一画地写字。恢笑着说："喜兄，你可真热爱工作啊，怎么还在抄录这些律法啊，你都坚持多久了，你看这屋子里都是你写好的竹简。"喜停下了笔，说道："几十年的习惯了，改不了了。"敢翻看着喜写完的竹简，道："喜兄，你每天都记录这些东西有何用，你只是县令的一个小下属，无权无势的，这么辛辛苦苦为什么？还不如饮酒作乐，岂不快哉？"喜笑答道："敢弟，此言差矣。你我虽为小人物，但我们处于一个变革的大时代，眼看马上就要统一六国了。秦国从一边陲小国，逐渐崛起成为当今的大秦帝国，靠的就是我们这样一个个勤勉、敬业的小人物，正如这竹简一样，一枚竹简很容易折断，但这一捆穿在一起就很坚固了。虽然我记录的都是我们熟知的律令和身边发生的事情，但这些也是很有意义的。你们看，秦国自商鞅变法后，颁布了废井田、重农桑、奖军功、设郡县、统一度量衡的律令，这些都深刻地改变了我们的生活，改变了我们的国家，让秦国有实力去统一六国，结束这几百年来的战乱纷争，天下苍生的命运也都将发生惊天动地的改变。我们固然终将死去，但我想把这些律令的精神传给子孙后代，让他们知道我们这个时代发生了什么。"

恢和敢听到喜这一番慷慨激昂的话后一下子都正襟危坐。喜看到朋友们默不作声，又笑着说道：“其实我还把我们的事也记录下来了，你们看看，这些分别是你们的故事。”恢和敢高兴地拿过喜手中的竹简，仔细看了起来，还真有他们当年一起参加战斗的故事。喜还专门写了一篇《编年记》，把自己的生平也记录了下来。恢和敢似乎有些懂了喜说的小人物与大时代了，他们开始觉得这种记录是很有意义的。

喜实在是太热爱他的工作了，以至于他在弥留之际，也念念不忘这批竹简。他嘱咐儿孙们，在他死后不要备过多的随葬品，更不必随葬什么奇珍异宝，只要让这些他写了一辈子的竹简陪着就行，这些才是他一生最宝贵的财富。就这样，竹简被喜带入了地下，一直陪伴他左右，直到2100多年后的一天……

余音绕梁

1975年冬，湖北省云梦县睡虎地11号墓在当地农民挖水渠的过程中意外被发现。当考古人员打开木棺后，他们被眼前的景象震惊了：在墓主的四周摆放着大量竹简，而且这些竹简上面书写的文字还清晰可见！

竹简能保存2100多年完全得益于墓葬外的“青膏泥”，这种青膏泥质地细腻、黏性较强，起到了隔绝空气的作用，延缓了竹简的氧化速度。此外，云梦县曾经是云梦泽的一部分，地下水位很高，睡虎地11号墓长期浸于水中，也有助于隔绝空气，减缓氧化速度。

这批竹简出土后，一个亟须解决的问题就是如何保护。考古学界素有“干千年，湿万年，半干半湿只半年”的说法。经过文物保护人员的多次尝试，最后将竹简进行了脱水，按照编号一支一支地装进了垫有脱脂棉花的玻璃试管中，使竹简得到了妥善的安置、保护。

随后，学者们确定这批竹简是中国最早发现的秦朝竹简，确定了它们的主要内容以及研究价值。

皇后之玺

现居地
陕西历史博物馆

外形特征
相当于成年人掌心一半大小

属性
羊脂玉

个性签名
中国第一任皇后的身份标志

毛遂自荐

我的名字叫“皇后之玺”，顾名思义，我是一位皇后的身份凭证。我是西汉印章家族的一员，已经诞生2000多年了。中国是印章大国，上到王侯将相，下到文人骚客，都会有属于自己的印章。他们在印章上或刻姓名，或刻职位、封号，或刻字、号。总之，古代的印章如同现代人的身份证一般，体现着印章主人的地位与荣耀。

我是一个长和宽约2.8厘米、通高2.8厘米的长方体，我可不是一块普通的石头，我的材质与纹饰都大有讲究呢。从新疆而来的羊脂玉构成我洁白温润的皮肤，彰显着皇后的威仪。静卧的螭虎雕刻则象征着君临天下。我头部的钮，可以穿绳，方便主人将我佩戴在身上。在我身体四周还刻着卷曲的云纹，使我更加飘逸柔美。在我的底部，篆刻着“皇后之玺”4字篆书，表明我高贵的身份。

我生得如此美貌，我的主人也必定不凡，你一定听过她的威名——吕雉。吕雉是西汉开国皇帝刘邦的妻子，也是中国历史上第一位皇后。吕雉的一生充满传奇色彩，她也是一位饱受争议的历史人物，她身上的标签众多，巾帼英雄、足智多谋、阴狠毒辣等都不足以概括她的人生。你想了解她的传奇人生吗？那我们得先从那段“楚汉相争”的岁月说起。

星汉灿烂

公元前221年，秦始皇统一六国并进行一系列改革，建立了中国历史上第一个“书同文，车同轨，行同伦”的中央集权帝国。可惜好景不长，由于统治者急政暴虐，在帝国根基还不稳的情况下，修筑宫殿、陵墓等各种大型工程，对待百姓也残酷无情，不过十几年，逼得群雄揭竿而起，纷纷自立，大秦帝国陷入了内乱。

在经历短暂乱世争雄后，刘邦打败包括西楚霸王项羽在内的一干对手。公元前202年，刘邦正式称帝，建国号为汉，掀开了中国历史上浓墨重彩的一页。

西汉初年，统治者采取一系列措施，轻徭薄赋，减轻百姓的负担，以恢复生产、安定社会秩序。对外和亲匈奴；对内一方面继承秦朝的郡县制，另一方面将功臣和刘姓皇族们封为诸侯，掌管一方。这些柔和的治国措施在短时间内维持了政权的稳定，让中华大地重新恢复了生机。

风流人物

我的主人吕雉是这段恢宏历史的见证者，更是创造者。她一生经历曲折，在爱情与亲情、权力与欲望之间徘徊，最终完成了从平民女子到临朝太后的转变，将自己的思想深深烙印在大汉王朝之中。

乱世中的贤惠妇人

吕雉本来是砀（dàng）郡单（shàn）父（fǔ）县人，出身于乡绅家庭，家境还算不错。她跟随父亲迁居沛县，后来嫁给还是小小亭长的刘邦为妻。吕雉年轻时贤惠大度，始终支持着丈夫。她心地善良，不仅照料族人，对刘邦的私生子刘肥也并不苛刻。早年为了撑起不富裕的家庭，她亲率子女耕织，辛苦劳作。

在刘邦因避罪而逃往芒砀山时，吕雉不远千里为他送去衣服与食物。而到了刘邦被封为汉王逐鹿中原时，吕雉大多时候都留守后方，成为刘邦的坚强后盾。在这期间，吕雉及孩子还曾被敌方俘虏，经历九死一生的险境。在艰苦的监禁岁月中，她以柔弱的肩膀撑起家庭的重担，安慰、照顾刘邦的父亲与儿女，最终盼来了胜利。

参与夺嫡的皇后

西汉建立后，吕雉苦尽甘来，被册封为皇后。我这枚“皇后之玺”也正式登上历史舞台，开始陪伴吕雉，走过通往最高权力的光荣之路，也走过“高处不胜寒”的孤寂之路。

此时的吕雉发现自己已经年老色衰，刘邦更宠爱年轻貌美的戚夫人。更严重的是，刘邦还起了改立戚夫人之子刘如意为太子的心思。吕雉为了维

护儿子刘盈的太子地位，积极反击，掀起了惊心动魄的夺嫡风波。

她指使兄长吕泽劫持张良，逼迫他献计。听说“商山四皓”有辅政才能，她便立即派人拿着太子的亲笔信与厚礼请高士出山。之后在宫宴上，吕雉故意让太子与“商山四皓”同席，以此警示刘邦：太子是得到众人的认可和辅佐的，其地位已经不可动摇。

此后，吕雉更成为刘邦巩固江山的重要谋士，她展现出了坚毅狠辣的政治手腕，在铲除有权势的功臣、镇压反叛等方面，都颇有贡献。有“国士无双”之称的名将韩信便是被吕雉诱杀于长乐宫，吕雉为刘邦除掉了一个心腹大患。

权倾天下的太后

自从吕雉成为皇后，她与刘邦的感情日益冷淡。在年复一年的争宠与权谋生活中，吕雉不再是那个勤俭、贤惠的妇人，她早已放弃爱情，转而热衷权力，成为阴狠毒辣的政治家。

刘邦死后，吕雉成为太后，开始掌权，企图剔除一切权力的障碍。吕雉残忍杀害了她恨之入骨的戚夫人，毒杀了戚夫人的儿子刘如意。她为了维护吕氏家族的利益，将自己的外孙女张嫣许配给儿子刘盈做皇后，导致刘盈郁郁寡欢，最终早逝。

刘盈死后，两位年幼的小皇帝先后继位，吕雉临朝称制，杀掉许多刘氏诸侯王，大肆封赏吕氏家族，开启了中国历史上外戚乱政

的先河。

吕雉这一生虽然陷入政治斗争之中，为了一己私利，重用亲属，滥杀不少政敌，但不可否认的是，她的政治目光深远，推行了一系列利国利民的举措，为后世的“文景之治”与武帝开疆拓土打下了坚实的基础。她始终推行“与民休息”“无为而治”的国策，鼓励生产，减租减刑，使得百姓迅速富裕起来，政通人和。

公元前180年，吕雉带着她一生的功过与世长辞，同相爱相杀的丈夫一起葬在了长陵。这就是我的主人——吕雉传奇而多彩的一生。

余音绕梁

其实，我的一生同样充满传奇色彩。在吕雉去世后，我便随她来到她的安眠之地——长陵，原本以为可以好好陪伴她到永远，没想到不知何年何月，我突然感到一阵头晕目眩，便被翻出地宫，滚落在田地里。

到了1968年9月的某一天，我因为美丽的外表被陕西咸阳韩家湾公社狼家沟村的一位叫孔忠良的小朋友捡到，他把我当成了玩具，后来，我又被他的父母上交给国家。考古学家从我的形制与被捡到的地点推断，认定我是属于吕雉的皇后印玺。

考古学家还经常当着我的面讨论我是如何流落在长陵外的。有人推测在西汉末年爆发了绿林、赤眉军的农民起义，起义军攻打长安，盗掘长陵，我便是那时被翻出地宫，随后遗落的；也有人说我是近现代盗墓贼盗掘长陵时不小心遗漏的。至于我"搬家"的真相，我自己也不清楚，那便让考古学家持一些好奇心继续探索吧。

如今，我作为展现西汉历史的重要见证物被留在陕西历史博物馆的基本陈列展厅，每天静静地在展厅里等待着观众，向他们讲述大汉文明以及我主人的传奇故事。

如果你觉得我与主人的经历够跌宕起伏，那你一定要来陕西历史博物馆，一睹我的真容啊。

“文帝行玺”金印

现居地
南越王博物院

外形特征
相当于一块考试橡皮的大小

属性
金

个性签名
方寸间见证南越国史

毛遂自荐

我的名字叫“文帝行玺”金印，作为一枚金光闪闪的印章，我不但拥有响当当的颜值，自身的实力也不容小觑。试问能称“帝”、称“玺”的印章有几方？敢以龙做钮的又有几个呢？

身材上，我的印面边长达3.1厘米，是目前考古所见最大的一枚西汉金印。你可能会疑惑，才3.1厘米啊，怎么可能是最大的呢？实际上，汉朝的帝王印章边长一般为2.5～2.8厘米，在陕西西安发现的“皇后之玺”边长也仅有2.8厘米，而我远远超过了当时的规定，算是逾越了汉朝礼制。

颜值上，我为纯金制造，含金量达到98%，是目前所见唯一一枚考古出土的西汉时期的金印。秦始皇统一天下后，规定只有皇帝的印章才能称为玺，而且是玉质的。以金造玺，想必我是第一个了吧。

装扮上，我以龙为钮，是目前所见最早以龙为钮的印章。一般汉朝皇帝的玉玺都以螭（chī）虎为钮，象征着至高无上的皇权，而我的钮则是一条盘曲的“S”形游龙，龙头伸向一角，龙鳞层层叠叠，龙腰隆起，用来穿印绶。

自我介绍了这么多，你可能会疑惑：这到底是谁的印章，还能凌驾于西汉王朝的皇帝之上？这得从我印上的“文帝行玺”这几个字说起。我的主人可不是西汉“文景之治”中的汉文帝，而是南越国第二代王“文帝”——赵眜（mò）。说来也很有意思，中原王朝类似文帝、武帝中“文”“武”的称谓都是死后对其一生所作评价的谥号，而南越国王生前就自称文帝。南越国地处岭南地区，远离西汉王朝核心地带，与中央王朝的关系忽近忽远，既有臣服大汉的时期，也有独立称帝的时期，而我身上众多与汉朝礼制不相符的特点就是这一大背景下的产物！

我的故事要从南越国说起……

星汉灿烂

南越国建立

公元前221年，秦灭六国，建立起了一个统一的中央集权制封建国家，为进一步完成统一伟业，秦始皇派出大军征伐岭南。当时随大军南下的赵佗就被任命为南海郡龙川县县令。

可仅仅12年后，也就是公元前209年，以陈胜、吴广为首的农民起义军揭竿而起，高呼“王侯将相宁有种乎”，掀起了反抗秦王朝暴政的序幕。

天下大乱，这种混乱的形势给驻守在岭南的秦军创造了自立为王的良机。当时赵佗已担任南海郡最高长官南海尉，他命令军队切断了中原与岭南的通道，杀掉了秦朝在当地委任的一些官吏，出兵击败桂林郡和象郡的军队，用武力统一了岭南地区，于公元前203年建立南越国，定都番禺（今广州市），自称南越武王。一个与中原西汉王朝并肩而立的南越王朝由此形成。

长寿的开国之君

作为第一代南越王，赵佗为岭南地区的发展做出了重要贡献。他推行“和辑百越”的民族政策，鼓励汉越通婚，尊重越人习俗，摒弃越人恶习，大力发展农业经济，逐步改善了岭南地区原始落后的耕作方式。赵佗活到将近100岁，担任南越王长达67年，他的王位都没来得及传给儿子，我的主人，也就是赵佗的孙子赵眛，就登上了南越国的王座，他自称南越文帝。

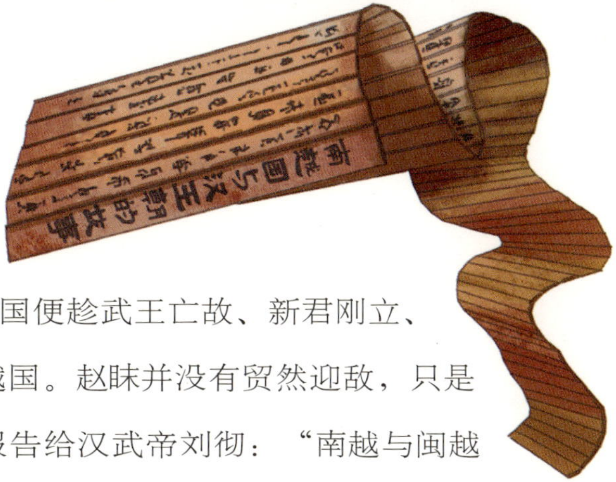

风流人物

赵眜即位不久，东面的闽越国便趁武王亡故、新君刚立、国内人心不稳之时发兵攻打南越国。赵眜并没有贸然迎敌，只是加强防守，同时派人火速上书报告给汉武帝刘彻："南越与闽越都是天子的藩臣，不应擅自相互攻击。现在闽越发兵来侵犯，臣不敢兴兵，请天子下诏。"汉武帝赞赏赵眜守约，按制度办事，于是派兵摆平了冲突。

听到这儿，你可能会觉得南越国与西汉王朝关系很好，和睦友爱，互相照应。但其实，两者的关系并没有这么简单。南越国曾两次归汉，它们之间的关系微妙且复杂。这还要从南越国的开国之君赵佗和汉朝初年统治者之间的恩怨说起。

两次归汉

汉高祖刘邦，为维护统治，大肆分封刘姓贵族为诸侯，一想到南越王还是赵姓，本想出兵征讨，但考虑到王朝初立、根基不稳，又得知赵佗将南越治理得很好，便派陆贾为使臣南下劝服其向西汉王朝称臣，承诺保留南越王称号，承认南越王的诸侯地位，这在天下皆为刘氏的西汉王朝极为难得。而赵佗也权衡利弊，接受汉朝封赐的"南越王"印绶，南越国向西汉王朝进贡驯象、鹦鹉等珍异为贡品，西汉王朝则供应铁器、耕牛、马匹等物资，从此南越国成为西汉王朝的属国。

刘邦去世后，吕后专政，下诏禁止中原铁器、农具及雌性马、牛、羊等运往南越国。除此之外，吕后还派人到赵佗老家，损毁他父母的坟墓，诛杀他的兄弟和同宗族人。此举彻底激怒了赵佗，他便公开反叛西汉王朝并自号“南越武帝”。吕后死后，汉文帝刘恒决定安抚南越国，他派人重修赵佗老家的坟墓，起用赵氏同族中人，派老臣陆贾再次南下，并写了一封语气恳切的信件，希望和南越国重新建立友好往来关系。赵佗深明大义，取消了帝号并上书谢罪，再次归汉。

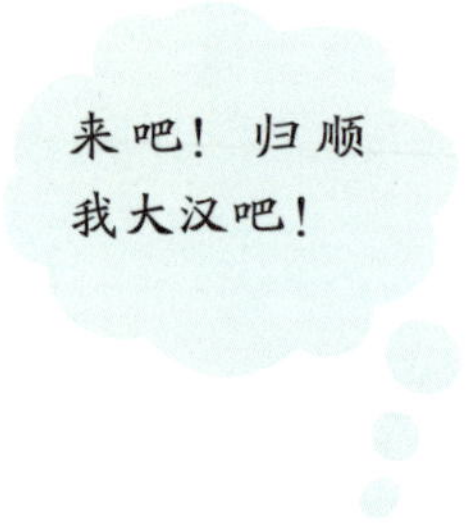

婴齐质汉

到汉武帝时期，西汉王朝经过休养生息，实力已然到达巅峰，雄才大略的汉武帝北击匈奴，凿空西域，开疆辟土。汉武帝在帮助南越国扫除东面冲突后，便要求赵眛亲自入宫

谢恩，赵眜在众臣劝诫下，称病，派太子赵婴齐作为人质去了长安。赵婴齐在长安的宫中做了长达10年的侍卫，虽然他在南越国已经有越族妻子和儿子赵建德，但他在长安又娶了汉人妻子并生了儿子赵兴。

赵眜在南越王的位置上坐了16年，也撒手人寰了。去世前，太子赵婴齐在得到汉武帝允许后回国服侍，而后继承王位，成了第三代南越王。

南越国灭亡

此后，南越国陷入内乱。公元前112年，汉武帝派出5路大军，开始了平定南越的战争。这是一场激烈的

拉锯战，历时一年有余，最后南越国军队或被消灭、或投降，番禺城也被一把大火烧毁，南越王宫在火海中化为一片瓦砾……

南越国从公元前203年建立，到公元前111年灭亡，总共存在了93年，经历了5代君主，最后纳入了大汉帝国版图之中……

余音绕梁

战败国的历史与文明往往会湮灭在历史的洪流里，被大汉帝国吞并的南越国也不例外。所幸，沉睡在地下的南越国大墓为人们留下了一些一手资料，它们正是南越国存在的最好证明。

我这枚金印所在的大墓于1983年广州象岗山宿舍楼建设工程中被发现。墓葬形状如“士”字形，墓室分为7间：前室如朝堂，墙壁上绘有红、黑两色卷云纹；东耳室是我的主人在另外一个世界饮酒作乐的地方；西耳室是地下宫殿的储物室；主棺室是主人的沉睡处；东侧室有主人的妃妾陪葬；西侧室有主人和妃妾的仆役陪葬；后藏室是厨房，内有众多厨房用具和大量食材。主人仿佛将生前的一切带到了另外一个世界，墓中的陪葬品也琳琅满目，衣食住行尽享奢华。

主棺室内，主人身着玉衣，腰系组玉佩，身上铺满玉璧。在主人胸腹位置发现了一枚金印章，印面上书体工整，刚劲有力地阴刻有4

字篆书——文帝行玺，这就是我！考古学家也因我断定墓主人就是第二代南越王赵眜。

1988年，人们在南越王墓原址之上建起了西汉南越王博物馆（今南越王博物院），墓室中出土的珍贵器物纷纷进入展厅中，向人们讲述2000多年前南越国政治、经济和文化的发展状况。

长信宫灯

现居地
河北博物院

外形特征
质量跟一个三四岁小朋友的体重差不多

属性
青铜

个性签名
人见人爱的降低环境污染的新型灯具

毛遂自荐

我是一盏2000多岁的铜灯。我的名字是根据我身上“长信尚浴”铭文而得的。我全身上下一共刻有65个字，分别刻在9处不同的位置。就像户口本一样，这些字记录了我的质量、容积、家世和主人等信息。

我的外表看上去是一个手捧灯架的女子，跪坐在地上，右手臂高高举起，左手托着灯，是典型的汉朝宫女形象。但我的内部大有玄机：“宫女”宽大的袖管自然下垂，巧妙地形成了灯罩的顶部；灯罩部分有两块弧形的板子，可以旋转调整，这样既能挡风，又可以调节亮度和改变光照的方向。当然，这些还不算什么特别了不起的地方，我被夸赞最多的还是“环保”这一优点。

与我们今天使用的电灯不同，在2000多年前的西汉，青铜灯多使用动物油作为照明燃料，所以在燃烧的过程中容易产生烟尘，弥漫在整个房间，会让人感到不适，但是我的构造就巧妙地解决了这个问题。你仔细看，“宫女”的袖管就是关键。

燃料被点燃之后，烟气会随着热空气上升，通过宽大的袖管进入“宫女”体内，而这时由于失去了热气流的推动，在“宫女”体内的烟气会开始下沉，烟灰也会在这个过程中积攒在“宫女”体内，完全不会污染室内空气。此外，我还能够拆卸，方便清洁。所以人们总是称赞我的制造者前卫，在2000多年前就有了环保意识。

可能因为我精巧实用，所以总是被当作礼物送来送去，我也数次更换主人，好在他们都是汉武帝的亲属，是有名有姓的大人物，所以我的传奇流传经历才会被记录下来。

我生活在汉景帝、汉武帝两朝，而汉景帝在位期间的一场叛乱，改变了我的命运，带来了我人生中第一次转折。

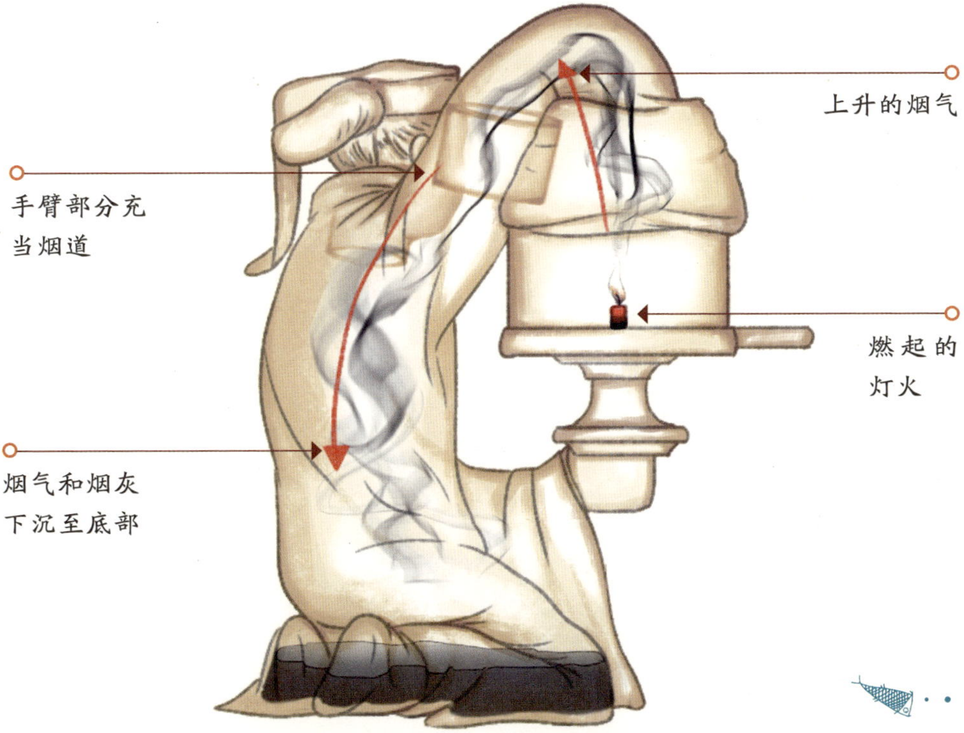

星汉灿烂

汉景帝在位时，西汉王朝已经建立快50年了，天下安定，百姓富庶。可是一场谋反让汉景帝意识到从汉朝初年就开始推行的郡国并行制度存在大隐患，这些分散于各地的诸侯国，俨然成了一个个独立王国。于是汉景帝决心推行削藩政策，削弱诸侯国力量，加强中央的统治。他把矛头首先对准那些疆域较大的诸侯国，意图削减他们的地盘。

这一下就惹怒了不少诸侯王，因为按照郡国并行制来说，“天下刘姓一家人”，天下不只属于皇帝，还属于所有刘姓诸侯王。诸侯和皇帝之间不应该有什么尊卑贵贱之分，更何况还要削藩！于是便有了吴、楚“七国之乱”——以吴国、楚国为代表的诸侯国联合起来发动叛乱，反对汉景帝的削藩行为。

公元前154年正月，早有预谋的吴王刘濞（bì）起兵广陵（今江苏扬州），与楚国大军会合后，浩浩荡荡地渡过淮水，开始向西进攻。七国军队在叛乱之初所向披靡，可是随着汉景帝下决心武力镇压叛乱，派太尉周亚夫率36位将军领兵抵御之后，战争形势就发生了扭转。最后，朝廷用了3个多月的时间平定了这场叛乱。

这场叛乱也改变了我的命运，这要从我的出生地“阳信家”说起。

风流人物

神秘的“阳信家”

我的“户口本”里一共出现了6次“阳信家”，可那个时候我还太小，实在记不清我到底出生在哪里，第一位主人究竟是谁。

有人告诉我，我最早可能是阳信夷侯刘揭家的一件灯具。阳信是个县，隶属山东省滨州市，刘揭就是阳信这个封国的统治者。我本来可以偏安一隅，平平安安地生活，可是刘揭的儿子刘中意继承了侯位后，参与了吴、楚“七国之乱”。叛乱失败后，刘中意被废黜了侯位，封国也被除了。而我因精巧的结构被朝廷查收，放入了皇宫中，从此开启“灯”生的新阶段。

可也有人说我应该是出生在阳信长公主的府中。这位长公主是谁？为何也被称“阳信”呢？还是要追溯到七国叛乱时。在刘中意参与吴、楚“七国之乱”失败被除国削藩后，“阳信”这片封国便被转封给了汉景帝和王皇后的长女、汉武帝的亲姐姐——平阳公主。而且在汉武帝的茂陵中出土过十几件刻有“阳信家”的铜器，它们的铭文与我身上的颇为相似，可能是我的兄弟姐妹。所以人们推断，应该也只有阳信长公主才拥有这般实力来铸造这批铜器。

权倾朝野的“太皇太后”

虽然我“户口本”上的“阳信家”究竟是哪里还有争议，但我户口本上出现的“长信宫”是确定无疑的。“长信宫”是我的第二任主人窦太后居住的地方。窦太后是西汉初期声名显赫、权倾一时的太后，是汉景帝的母亲，也就是汉武帝的祖母。汉景帝在位时，她垂帘听政；到汉武帝即位，她变成“太皇太后”，仍能左右朝政。

窦太后左右政局的情形一直持续到她去世，之后汉武帝才能按照自己的理念来治国。而我自从进宫以来，就一直在窦太后的长信宫中陪伴她。本来以为，在窦太后去世后，我会作为随葬品陪她去另一个世界。

直到一场婚事的出现，我的命运又一次发生了转变。

中山国

窦太后为了扶植自己的家族，让娘家窦氏与刘家宗室联姻，其中最著名的就是中山靖王刘胜与窦绾的婚姻。

刘胜是汉武帝的哥哥，也是窦太后的孙子。他的封地在中山国，因此也称中山王。窦太后把娘家的窦绾许配给了孙子刘胜，并赏赐了他许多奇珍异宝，我也就从长信宫

中来到了刘胜、窦绾夫妇的中山国。但汉武帝继位后，朝廷大臣皆以“七国之乱”为由，主张继续削藩。诸侯王的势力进一步被削弱，没有实权的刘胜，终日无所事事，走上了沉迷声乐、终日饮酒的道路，在史书中只留下了“乐酒好内”的记载。

可能也是因为对中央政权没有威胁，刘胜和窦绾最终得以风光入葬，有大量精美的物品随葬，其中就包括我——长信宫灯。

余音绕梁

悠悠千年，弹指而过。昔日强大的西汉王朝早已成为沧海桑田。刘胜、窦绾墓葬上的祭祀建筑已经不知是何时消失的了，唯有幽僻的岩石墓穴在山石草木的掩映下幸存。谁也想象不到，河北满城西南方向的一座郁郁葱葱的无名小山，竟凝结着古典优雅的大汉文明，各种精美器物安详地沉睡于此。直到20世纪60年代，这座汉墓才在开凿隧道时被意外发现，使2000多年前的辉煌得以重现世间。

墓中发掘、出土各类文物1万多件。其中仅金银器、玉石器、铜器、铁器等精品便有4000多件，各类铜灯19件，长信宫灯就是其中最有名的一件。此后，中山靖王墓中大部分文物就被收藏在河北博物院中，向公众进行展示。

刘胜金缕玉衣

现居地

河北博物院

外形特征

全长 1.88 米，比一个普通的成年男子还要高

属性

玉石、金

个性签名

君王的“新衣”

毛遂自荐

我来自于2000多年前的西汉王朝，是专门为西汉中山靖王刘胜定制的特殊衣服。因为汉朝人相信玉有通灵、保护肉身不朽的功能，所以便将我穿在去世的诸侯王身上，随葬在位于今河北省保定市满城区的一座豪华山洞墓葬中。

我的名字形象地体现了我的外貌、材质与制作工艺。我是用大约1100克的金丝编缀2498片玉片而制成的衣服。我不光有上衣和裤筒，还包括了覆面、头套、手套和鞋子等。为了使我的主人穿着舒适，在细节方面，我也有许多小设计，比如覆面上留出眼睛、鼻子和嘴巴的位置；为了顾及我的主人发福的身材，裤筒上粗下细，还做出了臀部的形状；上衣腹部突起，以适应我主人刘胜的大肚腩……怎么样，我是当之无愧的皇室高级定制版服装吧？

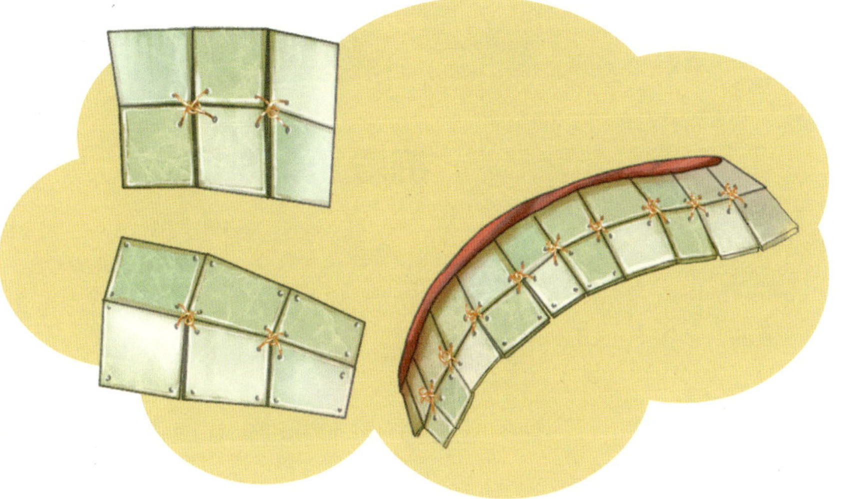

我的制作过程烦琐而艰难，在没有机器生产的时代，全部工序都需要手工完成。首先，汉朝的皇家工匠们要从万里之外的辽宁地区运来岫岩玉，再用特制工具将原料玉石切割成大小不一、形状各异的玉片；然后进行磨制、抛光、钻孔，使玉片变得温润透亮；之后使用金丝编缀玉片，不同的部位编缀方式也各不相同，如交叉式、套联式、并联式等，其中最细的金丝直径仅有0.08毫米，与头发丝一般粗细；最后在编缀好的玉片周围用织物或铁条锁边。

温润而闪耀的金玉材质、精致细腻的纯手工技艺、高大古朴的外形……我身上的一系列标签无时无刻不在散发着那个遥远王朝的气质。你想听我讲关于它的故事吗？

痴爱玉器的国度

汉朝是中国历史上一个使用玉器的高峰时期，这既有贸易的原因，也与当时的信仰有关。因为汉武帝开疆扩土，并派遣张骞出使西域，使得丝绸之路得以开通并繁荣起来，由此，新疆的和田玉料被大量引入中原，为玉器制作提供优质的原材料；再加上汉朝推行“罢黜百家，独尊儒术”的文化政策，进一步使儒家推崇的玉文化得到发展，如许慎就在其著作《说文解字》中总结“玉，石之美者。有五德”，以玉的温润、清脆声音、坚硬、断而不锋、高透明度，分别象征君子的仁、义、智、勇、洁。

人们不仅在日常生活中使用玉器，而且还在墓葬中随葬大量玉器。而我，便属于最具有汉朝特色的葬玉，我的“伙伴”还有玉握、玉九窍塞、玉琀（hán）。当主人长眠于地下后，我们有的被用于堵住主人的耳、鼻、口等孔洞，有的负责遮盖主人的皮肤。

“郡国并行”下的中山国

我的家乡在中山国，一个汉王朝的封国。公元前154年，汉景帝封小儿子刘胜为中山国的国王，国都位于卢奴，也就是今河北省定州市。汉朝中山国由此建国，此后中山靖王刘胜一脉传承六世，之后汉宣帝、汉元帝均立其子为中山王，最终在公元9年，王莽篡权废除中山国。史书记载，中山国人重视儒学，同时热爱经商，出现了张世平、苏双等大商人。

风流人物

墓主人之谜

我随主人已经在洞穴中沉睡许久，我以为我会永远带着主人身份的秘密沉睡，没想到现代的考古学家从墓葬的蛛丝马迹中揭开了我主人的身份之谜。

主人的墓葬位于河北满城的一座陵山上，为洞穴墓，在黑漆漆的封闭山洞中，除了我，还有上万件奇珍异宝，可它们没有一件标明主人的名讳。看着发掘的考古工作者们皱着眉头，一边清理我们一边讨论主人的身份，起初我还扬扬得意，但一件青铜钫（盛酒器）暴露了我们的身份，它身上有“中山内府铜钫一，卅四年”的铭文。专家研究诸侯王在位的时间只以数计，其中“卅四”指的就是在位的年数。“卅四”便是34，从形制已经判断出我们来自汉朝，考古学家又通过查阅资料，从汉朝中山国有籍可考的君王中，找出只有西汉中山靖王刘胜在位超过30年，所以推断出我的主人就是刘胜了。

恢宏史诗的旁观者

没错，我的主人便是西汉中山国的第一任君王，史称西汉中山靖王刘胜。他的父亲是汉景帝刘启，祖父是汉文帝刘恒，二人共同创造了“文景之治”的盛世。他的弟弟是名垂青史的汉武帝刘彻。刘胜就像一个旁观者，以最近的距离亲历了许多我们熟悉的历史时刻，却从来没有成为主角。景帝时期，他见证了国家实行休养生息的政策，看见过仓库中穿钱绳子烂了，散钱多得无法计算的富裕情景；知晓了景帝后期，宫廷中风云骤变，太子刘荣被废与刘彻上位的秘密；也见证了武帝时期“金屋藏娇”的浪漫爱情与《长门赋》“一字千金”的幽怨，以及轰轰烈烈的“罢黜百家，独尊儒术”，卫青、霍去病出击匈奴……

平庸而幸运的国王

刘胜资质平庸，并未参与到立储斗争中，而是按照西汉初年的郡国并行制度被封为中山王，远赴封国，成为一个一生不愁吃穿，靠祖宗吃饭的清闲国王。司马迁的《史记》与班固的《汉书》中都强调刘胜喜欢美酒与美女，与我一同随葬的刘胜个人用品也证实了刘胜生活的奢靡，其中就包括金银器、青铜器、玉器、纺织品、车马，还有盛放美酒的大陶缸等。

刘胜在富贵温柔乡中生活了53年后去世，死后按照汉朝诸侯王的标准下葬，并制作了我为他随葬。

余音绕梁

中山靖王刘胜去世后，他的家人并未为他修建具有汉朝传统特点的竖穴土坑墓，将他深埋在黄土中，而是凿山为陵，在坚硬的岩石中开辟出宽阔的人工洞穴。没有土壤的腐蚀，许多奇珍异宝在凝固的空气中得以永恒。

直到1968年，因防御工事爆破施工，现代人重启墓穴，其壮观、奢华令人惊叹。岩洞按照宫殿布局开凿，分为墓道、甬道、南耳室、北耳室、中室和后室6部分，墓室中还修建了木结构瓦房和石板房，形成规模庞大的地下宫殿。宫殿中有陪葬物1万多件，这里不光保存着金缕玉衣，还有由药匙、药量、金银针等组成的完备医疗器械，有最早的黑科技计时器铜漏斗，有刃部淬火的铁剑，有错金银的各式香炉、灯具，有精美透亮的玻璃制品……每一件物品都堪当中国工艺美术发展进程中的代表作。

如今，我同小伙伴们一起居住在河北博物院，如果你想了解更多关于西汉王朝或者中山靖王刘胜的信息，就来找我们吧。

马踏匈奴

现居地
茂陵博物馆

外形特征
接近成年男子的身高（1.68 米）

属性
石

个性签名
磐石之志永存！

毛遂自荐

西汉初年，大汉多次与北方入侵的匈奴交战。如果挑选汉朝一方作战的杰出代表，霍去病应该是不二人选；如果选出两方交战最具代表性的一件文物，可能非我莫属了，我就是“马踏匈奴”石雕。

在今天西安北面的渭河北岸，是地势高而平坦的咸阳原。这片土地埋葬着9位西汉皇帝，这些墓葬东西向排列，大致呈一条直线，延绵近百里，高达百余尺，默默向后人诉说着汉家的神威。在这9座陵墓中，最富丽堂皇、巍峨壮观的，当属汉武帝的茂陵。茂陵周边有多座陪葬墓，其中的一座形状与其他迥然不同，它形似祁连山，南北长105米，东西宽73米，在这里长眠的就是我的主人霍去病。我与其他15位小伙伴被安置在主人墓前，永远陪伴、守护着这位少年将军！

我的伙伴们，有石人、人熊相搏、怪兽吃羊、跃马、卧虎、卧象等石雕，每一座都坚实有力，姿态威武。我们是中国现存最早、保存最完好的一批大型石雕艺术瑰宝，而我在石雕群中牢牢占据了核心位置，是最具代表性的雕塑！

我由一人一马组成，战马彪悍强壮、巍然挺立，而马蹄下的匈奴人仰头蜷缩，虽已狼狈不堪，但仍面目狰狞。他手持弓箭，企图垂死挣扎，可已是徒劳。这一定格的瞬间，俨然是主人击杀匈奴的场景再现。只是马上的主人早已不再，只留下不朽的石刻和磐石一般的意志……

星汉灿烂

“敕勒川，阴山下。天似穹庐，笼盖四野。天苍苍，野茫茫。风吹草低见牛羊。”这首古老的民歌，描写了北方草原的宁静与祥和，透露着对美丽家园的热爱。

在这方恬静、高远的草原上曾生活着一个强悍善战的匈奴民族，他们不断侵入中原，于是在两方不断的碰撞交流中，秦汉帝国最伟大对手的面貌也逐渐清晰起来。

匈奴是游牧于中国北方的古老民族。战国时期赵武灵王曾号令全国着胡服、练习骑射，向包括匈奴在内的胡人学习，推行“胡服骑射”，以此来增强军事实力。秦始皇统一六国后，派遣大将蒙恬带领30万大军北击匈奴，迫使匈奴北退700余里。

楚汉战争时期，匈奴民族出现了一位杰出的领袖——冒顿（mò dú）单于，他带领族人南征北战，建立了一个东接朝鲜，西达西域，北至西伯利亚，南至陕北、晋北，横跨蒙古高原的强大奴隶制国家，成为汉王朝最大的威胁。

西汉初年，汉高祖刘邦曾亲率32万大军攻打匈奴，却被匈奴40万军队围困在白登山7天7夜，后依靠陈平之计才解“白登之围”。此时，兵力强盛的匈奴与开国时国力衰弱的西汉形成了鲜明对比，大汉也不得不对匈奴实行“和亲”政策。除此之外，西汉还把源源不断的财物、丝绸和粮食送给匈奴，这一切换取了北境暂时的安宁，而西汉王朝也在蛰伏中休养生息、逐渐强大。直到汉武帝的出现，一众军事人才登上历史舞台，这才扭转了汉朝初年军事衰弱的局面。其中有一颗闪耀的军事新星，就是我的主人——霍去病。

风流人物

崭露头角

霍去病祖籍为河东郡平阳县，也就是现在的山西临汾。他的母亲卫少儿是当时平阳公主家的一个丫鬟，虽出身不好，但少年霍去病勤奋好学、胆气过人，特别擅长骑射，希望有朝一日报效祖国。就在霍去病的武艺日趋精湛时，他的姨母卫子夫被汉武帝看中，霍去病随着姨母入宫，开始了短暂而又辉煌的戎马生涯。

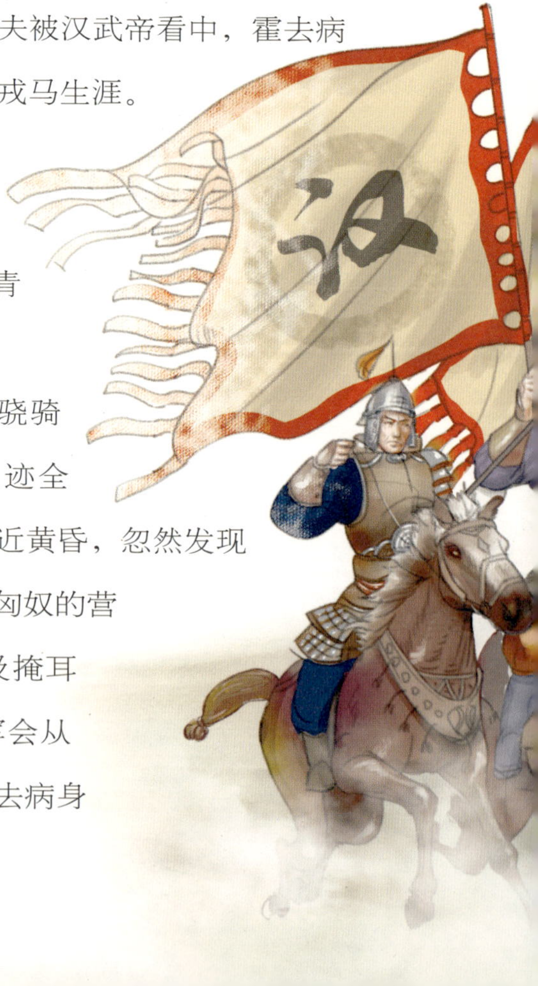

17岁那年，霍去病以“剽姚校尉”的军职随大将军卫青的六路大军出征。“剽姚”就是勇猛劲疾的意思。卫青挑选了800名骁勇的骑兵归霍去病指挥。

年轻英勇的霍去病率领他的800名骁骑一往无前地向北奔去。茫茫草原，人迹全无，他们不知不觉地走了好几百里，将近黄昏，忽然发现前方远处有一片黑点。霍去病判断应是匈奴的营帐，当即命部下衔枚而行，以迅雷不及掩耳之势杀了过去。匈奴兵根本没想到汉军会从这么远的地方杀来，顿时一片混乱。霍去病身先士卒，闯入匈奴营帐，800名骁骑个个勇猛无比，把匈奴兵杀得四散逃窜，最后斩杀匈奴兵2000余人，并杀死匈奴单于的祖父藉若侯产等将官多人，生擒单于的叔父罗姑比。霍去病以其超人的军事才能和胆略，初次出征便崭露头角，一跃成为仅次于大将卫青的青年统帅。

威震河西

霍去病真正树立威名是在祁连山之战，即河西之战。祁连山位于河西走廊南侧张掖境内，据说张掖之名是取“断匈奴之臂，张中国之掖（腋）”之意。霍去病就是在这里的山岭和谷地纵横驰骋，断了匈奴之臂。

公元前121年，霍去病以骠骑将军身份，独自率领1万名骑兵出征河西。他率军从陇西郡出发后，6天转战千余

里，踏破匈奴五属国，摧枯拉朽般将河西诸小王纷纷击溃，正所谓“六日破五国，胡尘千里惊”。接着，霍去病继续纵横河西，往北再回头向南，纵横2000里，于焉支山南北杀了一个来回，在皋兰山与集结起来的匈奴部队短兵相接，大胜。匈奴的精锐全部被灭，汉军损失微乎其微。

稍事休整到夏天，汉军发动第二次河西之战。由于没有等到计划前来会合的公孙敖军，霍去病独自

率领所部骑兵继续依原定作战计划，急速前进。霍去病采用大纵深外线迂回作战，深入匈奴境内2000余里，歼灭匈奴军3万余人，汉军以伤亡3000余人的代价，取得了决定性的胜利。

两战河西，霍去病短短一年内歼灭、受降匈奴累计8万多人。匈奴人为此悲歌：“失我祁连山，使我六畜不蕃息；失我焉支山，使我妇女无颜色。”唐代诗人李白在《塞上曲》中也说：“命将征西极，横行阴山侧。燕支落汉家，妇女无华色。”原来，焉支山满山滴翠，鸟语花香，素有“胭脂山”之称，而丢了焉支山，匈奴妇女没有了胭脂，容貌都不像以前那样漂亮了。

封狼居胥(xū)

公元前119年，汉武帝发起了规模空前的漠北大战。在深入漠北寻找匈奴主力的过程中，霍去病率部奔袭1000多千米，以1.5万人的损失，歼敌7万多人。霍去病一路追杀，来到了今蒙古国肯特山一带。在这里，他暂作停顿，率大军进行了祭天地的典礼——祭天封礼于狼居胥山举行，祭地典礼于姑衍山举行。这是一个仪式，也代表了彻底消灭匈奴的决心。此后，霍去病继续率军深入追击匈奴，一直打到瀚海，也就是现在俄罗斯贝加尔湖一带，彻底打垮了匈奴的主力。霍去病和他的“封狼居胥”，从此成为中国历代兵家的人生最高追求和终生奋斗的梦想。

然而，仅仅两年后，23岁的霍去病英年早逝。汉武帝痛失爱将，十分悲痛，特意在自己的陵寝茂陵附近为他修建了一座仿照祁连山外貌模样的陵墓，以此纪念这位年轻军事家功盖祁连山的赫赫战绩，并下令边地五郡的劲军身穿黑甲，排列成长长的队伍，从长安启程，一路护送着英雄的灵柩走上了最后的征程……

余音绕梁

悠悠两千载，霍去病的陵墓历经风雨，依旧矗立在咸阳原上，拱卫着茂陵，守护着西汉王朝的荣耀。一座高山、一匹战马，成了霍去病墓最典型的标志，也构建了霍去病短暂而辉煌的一生——军功比山，骠骑如马。而“马踏匈奴”连同其他陵墓石雕虽已斑驳，但依旧姿态威武、气宇轩昂！

好了，我的故事讲完了，如果你对“马踏匈奴”的历史感兴趣，欢迎来茂陵博物馆看看我，我在这里等着你。

素纱单衣

现居地
湖南省博物馆

外形特征
一包薯片的质量

属性
丝织品

个性签名
薄如蝉翼就是我

毛遂自荐

说到中国古代服饰和纺织工艺高超水平的代表，我绝对是不得不提的一件。我的名字叫素纱单衣，一件由未经染色的纱制成的单层衣服。我有2100多岁，被誉为“西汉时期纺织技术的巅峰之作”，代表了汉初养蚕、缫丝、织造工艺的最高水平，是迄今存世年代最早、保存最完整、制作工艺最精、最轻薄的服饰。

要问我为何如此珍贵，且听我慢慢道来。我最大的特点是丝细、纱薄、衣轻。我有多轻薄呢？我的质量只有49克，而如果去掉领口和袖口的夹层叠边，那么我的质量就只有20克，能塞进小小的火柴盒里。而我如此轻薄的奥秘在于，制作我所使用的蚕丝纤度极细，比现在用来制作高级丝织物的丝纤度还要低。可以说，我是亲身演

绎了“薄如蝉翼、轻若烟雾”这两个词。人们开始相信，原来这不是文学上空想的夸张修饰语，而是现实中真实存在的。

差点儿忘了告诉你，我的穿着场合。我是一件贵族女性的服饰，是穿在女子锦袍外面的罩衣，会出现在比较重要的场合。这样能使锦袍多一分朦胧美感，不仅增强了衣饰的层次感，更衬托出锦袍的华美与尊贵。当年我的主人把我穿在身上，风吹起时，飘然若飞，凸显她非凡的气质，尽显女性的柔美。

你可能已经开始好奇，我的主人是谁？拥有怎样的身份地位才能够穿着这么名贵的衣服？那么接下来就请跟随我走进我生活的时代和

我主人传奇的一生。

星汉灿烂

我生活在西汉初期的长沙国。汉高祖刘邦建立汉朝后，按军功分封8位异姓诸侯王，其中吴芮在亡秦灭楚战争中功勋卓著，被封为长沙王，以临湘（今长沙市）为都城。长沙国位于西汉王朝的南端，与南越国相邻，可以看作是西汉王朝南边的一个门户。所以刘邦在着手铲除韩信等异姓王时，害怕长沙王联合南越国起兵反抗，于是保留了长沙王这唯一的一个异姓王。

但日渐强大的长沙国还是让刘邦放心不下。为稳固自己的统治，刘邦想出了一个计谋，规定长沙国的丞相由中央直接任命。要知道，在整个长沙国内，丞相是仅次于长沙王的二号人物，是王国的最高行政长官。这样一来，表面上是朝廷派遣人才协助长沙王更好地治理国家，实际是以此暗中监督长沙国的“风吹草动”。

在这种情况下，刘邦任命利苍为长沙国的丞相。利苍早年就追随刘邦参加亡秦灭楚的战争，有勇有谋，也是刘邦的心腹。利苍在长沙国任职期间，致力于发展长沙国经济，使这里成为南方的富庶之地，百姓安居乐业。等到汉惠帝时，长沙国内爆发了一场叛乱，不过，叛乱很快就被利苍平定了。平定叛乱有功的利苍也获得了朝廷的恩赏，被封为轪（dài）侯，以轪县为封地，享有封地内700户百姓的租税。

这样一来，利苍既是长沙国的丞相，又贵为轪侯，位高权重，官俸和封地租税一年有38万钱，相当于汉朝19户“中产之家”全年收入，也相当于127户农民耕种百亩田地全部总收入，可谓是家财万贯。而我的主人作为他的妻子，也就是轪侯夫人，也注定荣华富贵……

风流人物

东方睡美人

关于轪侯夫人，史书上并没有留下什么记载，那人们是如何认定她的身份的呢？这多亏了一枚刻有隶书“妾辛追”（也有专家认为刻的是“妾避”二字。不管是“辛追”还是“避”，都是指轪侯夫人）的印章。考古学家从墓中随葬的漆奁内发现了这枚印章，知道了墓主人的身份，也还原了轪侯夫人的生平故事。

轪侯夫人的儿子利狶（xī）在利苍去世后继承了轪侯爵位。轪侯夫人在汉文帝后元元年（公元前163年）去世，去世时50岁左右。从规模巨大的墓室和众多精美珍贵的随葬品可知，轪侯夫人生前过着锦衣玉食、闲逸雅致的生活。在她的墓室内发现有绫罗锦衣等大量精美的衣服，成套的漆盘、漆鼎、耳杯等餐具，还有漆屏风、漆凭几等家具。随葬有48个竹箱，其中37个竹箱放置各种丰富的食材，有大米、小麦、大豆、猪、狗、羊、鹿、天鹅、野兔、鲫鱼、鲤鱼、杨梅、枇杷、梨、枣、蜂蜜、豆豉等。人们也能在她墓室内出土的T形帛画上看到她的肖像，穿着锦衣，尽显雍容华贵。

更让世人震惊的是，虽然经历2000多年的时光，但轪侯夫人的遗体却保存完好，出土时身高为1.54米，体重34.3千克。轪侯夫人遗体全身润泽，皮肤依旧柔软，肌肉还有弹性，身体上的部分关节还可以活动，像刚刚去世时一样。这是世界上发现的第一具有2000多年历史、保存完好的软体湿尸，因而轪侯夫人也被誉为“东方睡美人”。

专家们在对轪侯夫人遗体进行体检时发现，她的内脏器官保存完好，全身上下的骨骼都很完整，血管里尚有凝固的血块，血型为A型。在她的食管和肠胃内发现有138粒半甜瓜子，可知轪侯夫人是突然去世的，去世时正值瓜熟的夏季。专家们还对轪侯夫人进行病理检查，发现她生前患有多种疾病，如冠心病、动脉硬化、胆结石等。按病症推断，轪侯夫人可能是由于胆绞痛引起冠心病发作致死。

由于轪侯夫人突然去世，又正值夏季，所以并没有专门制作随葬品，而是把大量她生前的生活起居用品直接用来随葬。于是她心爱的素纱单衣就这样陪伴着她去往另一个世界……

余音绕梁

千年过后，轪侯夫人的长眠之地仍有高高的封土堆，在很长一段时间里，这里被误认为是五代十国时期楚王马殷的陵墓。直到1971年年底，当地的驻军在这里施工过程中发现了3座古墓，分别是轪侯夫人和她丈夫利苍、儿子利豨的墓葬，其中轪侯夫人墓规模很大，深埋地下，有3层棺椁，每一层都塞满了精美的随葬品。在墓葬中出土了很多珍贵的文物，其中就有素纱单衣，清理出来后，专家们被它的轻薄和精细所折服。

为何容易腐朽的丝织品，能历经2000多年的岁月依然保存完好，光亮如新呢？为何墓中的轪侯夫人遗体及大量有机质不腐呢？这就要说到轪侯夫人墓的防腐手段了，专家分析主要有两方面原因：一是深埋，轪侯夫人墓深埋地下16米，地表还有高4.5米的封土；二是密封，墓室的木椁用70块巨木拼合，内部还有4重榫合紧密、不透风、不渗水的套棺。木椁外填塞有5000多千克木炭，可以防潮吸水：木炭外又有一层1米多厚的白膏泥，这是一种不渗水的黏土，可以防潮、防渗透，使墓室内形成恒温恒湿、无菌缺氧的封闭环境。正是在这样密封、无菌、稳定的条件下，轪侯夫人遗体和大量珍贵的丝织品才得以保存下来。

面对素纱单衣这样一件珍贵的国宝，无论从展示、保护的角度，还是高超织艺的揭秘角度，都必须实现复制，但是复制的难度实在太大了。20世纪80年代中期，湖南省博物馆委托南京云锦研究所复制素纱单衣。经过多年研究攻关，南京云锦研究所造出了第一件复制品，但是，质量超过了80克。又经过多年实验与探究，专家们发现原来问题出在蚕丝上。因为现在的蚕宝宝比2000多年前的要大，吐出的丝也比原先粗。

专家们意识到，复制素纱单衣不是简单地复制一件文物，而是要复制汉朝的养蚕制纱工艺，所以要从源头——种桑、养蚕、缫丝开始。经过一系列严格而复杂的制作工序，素纱单衣终于复制成功了。新复制的素纱单衣和2000多年前的素纱单衣从外观、色彩、尺寸、质感上看，基本一样。可是上秤一称，是49.5克，仍比原物重了0.5克，而这0.5克的技术障碍目前还是专家们的难题。希望有一天，这个技术障碍能被攻克。

诅盟场面青铜贮贝器

现居地

中国国家博物馆

外形特征

一个小型行李箱的高度，直径相当于适合 3 人食用的 10 寸比萨

属性

青铜

个性签名

古滇国某次重要活动的 3D 影像记录

毛遂自荐

第一次看到我的人都会对我的样子产生好奇。我是一件来自2000多年前的青铜器，通高51厘米，整体形状接近水桶，由盖子、桶身、三足组成。盖子上铸有房子、人物、牛马和鼓。桶身中间束腰，两侧有一对正在爬行的老虎，桶身下有三个兽蹄形足。如此奇怪的造型，以至于考古专家刚发现我们家族成员时，都不知道我们的用途。后来考古专家在我的桶身内发现300多枚贝壳，人们才明白原来我是用来收纳贝壳的，我因此得名“贮贝器”。为什么要储存贝壳呢？那是因为在我生活的年代和地方，人们很难获得贝壳，于是“物以稀为贵”，贝壳就成了当地财富和地位的象征。所以你可以理解为，我是一种特殊的存钱罐。

古滇国的特产

目前我们贮贝

器家族的成员被发现了十几件，只见于战国至西汉时期的古滇国，即一个位于今天云南滇池一带的地方政权。我们的材质都是青铜，但造型相差较大，尤其是盖子，不同的盖子表现着不同的场面。有的盖子上有4头牛、1匹马，马上还有一位骑士；有的盖子上表现的是一群人向国王进贡；还有的盖子上表现的是一群人狩猎的场面。专家们根据盖子上的场面给我们取名字。我的名字叫“诅盟场面青铜贮贝器”，“诅盟场面”就是我盖子上所表现的场景，盖子上的人是在做什么呢?

虽然我盖子的直径只有32厘米，跟家里炒菜锅的直径差不多，但就在这处空间里，铸有1间高大突出的房子，1匹马、1头牛、2面大鼓、16面小鼓，以及127个神态各异的人（残缺者未被计入）。有人被捆绑在一起，有人正在杀猪宰羊，有人跪在地上，有人站立围观……整个场面犹如在广场集会，人头攒动，热闹非凡。原来他们正在举行古老的诅盟仪式，“诅盟”的意思就是立下誓约或歃血结盟。

在大房子中坐着一位女祭司，她手里拿着一只鸡，口中念着咒语，在她的面前摆放着各种各样的祭品，她周围还有一群人虔诚地跪着。在她的正后方，有一根石柱，上面绑着一名男子。他是这次祭祀的祭品，将被进贡给神灵。整个场景都笼罩在一种肃穆的氛围中。

在目前出土的贮贝器中，我是出场人物最多、表现场面最大的。

我就如同一张珍贵的历史照片，将2000多年前古滇国的诅盟祭祀场景真实地记录了下来。

古滇国没有留下文字记载，但在我们青铜贮贝器家族中，却有对当时战争、祭祀、贸易等场景的刻画，定格了古滇国社会生活的很多精彩瞬间，因此我们也被称为“无声的史书”。

那么古滇人出于什么原因，要把一场诅盟场面铸造在贮贝器上呢？让我们一起回到那个古老而又神秘的古滇国吧。

星汉灿烂

史书中的惊鸿一瞥

在历史上，古滇国一直是一个神秘的存在，一个横空出世又突然消失的古老国家。它没有自己的文字，史料中对它的记录也只是寥寥几笔。滇人从何而来？何时建国？都城在哪儿？他们是如何生活的？又为何突然消失？……一个又一个的未解之谜让滇池畔的古老文明充满神秘色彩。

古滇国在司马迁的《史记》中曾有过惊鸿一瞥，记录的是古滇国与中原王朝交往的一段历史。公元前109年，汉武帝兵临滇国，滇王迫于实力不足，主动投降，并臣服于汉朝。因此，汉武帝赐“滇王之印”。1956年，考古专家发掘石寨山古墓群，在清理6号墓时发现了这枚金印。“滇王之印”在2000多年后重现世间，证实了司马迁关于古滇国的记载是真实可靠的。

滇王庄跻（qiāo）

司马迁在记载汉武帝赐“滇王之印”时，还写了一个有趣的故事。战国末年，当时的中原地区正处于七雄争霸的战乱之中。秦国为统一六国，派兵南下进攻楚国，年轻的楚国将军庄跻建议联合滇人抵抗秦国，一起绕道秦国后方突袭秦国军队。楚王采纳了庄跻的建议，派他带着两万军队来到滇国借兵。

此时的滇国远离战争，人们正过着安定的部落生活。虽然庄跻利用奇珍异宝取得了滇王的信任，但他的计划还没付诸行动时，楚国就被秦国灭了，秦国占领了楚国的领土。亡国的消息传来后，庄跻一蹶不振，他联合滇人抗秦的愿望化为泡影，自己也无家可归了。于是庄跻带着这支楚国军队就留在了滇国，慢慢融入了滇人的生活中，遵从着滇人的生活习俗，穿着和他们一样的衣服。后来庄跻与滇

国公主成婚，成为滇王的女婿，在滇王去世后，继位成为滇王。

庄跻积极地在滇地传播楚国先进的文化和生产技术，致力于发展经济，使滇地成为远离中原统治的富裕地区。实力壮大的庄跻后来在滇池东岸设立都城，他还积极地扩大滇国的版图，使滇国的领土范围东到夜郎，南到邛都，北到东川，东至曲靖。庄跻也成为第一位正式载入史册的滇王。

璀璨的青铜文明

司马迁之后，并没有留下任何关于古滇国的痕迹，这个曾经辉煌的王国消失在历史的长河中。2000多年后，通过持续了50多年的考古发现，人们才慢慢揭开了这个神秘世界的面纱，大致勾画出古滇国的历史文化面貌。

与同时期的中原文明相比，古滇国的社会风貌极具少数民族风情。滇国虽地处边疆，但从出土的文物中不难看出，其社会文明已发展到一定高度。特别是那些工艺高超、制作精美的青铜器，可以肯定这是一个有着璀璨青铜文明的古老国度。例如：考古学家按照人物的比例关系，对贮贝器上的诅盟场面进行了复原，那两面巨大的铜鼓，可能比世界上现存的所有铜鼓都要大，如果没有高超的青铜铸造技术及丰富的铜矿资源是不可能铸造完成的。

那么这件诅盟场面青铜贮贝器的主人是谁呢？它所在的古滇国，人们过着怎样的生活，有着怎样的社会风俗呢？

风流人物

从诅盟场面青铜贮贝器所在的墓葬，还不能断定墓主人的准确身份，只能确定他出身滇国的贵族阶层。

从现今发现的贮贝器上可以看到身着不同风格款式服饰的人有十几组，说明古滇国应该是一个多民族的国度，甚至有远道而来的“外国人”向滇王进贡。同时古滇国是个

社会阶层分化的奴隶制国家，贮贝器上可见祭司、贵族、奴隶主、奴隶、平民、士兵等几类人物形象，尤其是奴隶主与贵族的形象在贮贝器上很常见。古滇人尊崇牛，以牛为财富的象征，在贮贝器上出现了大量表现牛的形象。

另外，在已发现的贮贝器上，常见活人被绑在祭柱上的场面，能看出古滇人好诅盟祭祀。在《华阳国志·南中志》中也记载了滇人“其俗征巫鬼，好诅盟……官常以诅盟要之”。说明诅盟是古滇人中极为盛行的一种风俗，凡有重大事件都要用盟誓来约束，设立祭坛，供奉祭品，举行诅盟典礼。这种诅盟仪式，代表了古滇人对神灵的信仰和他们盛大的仪式感。而在文明的早期阶段，人们似乎认为，能为神灵献上的最好礼物，大概也就是人了吧，所以古滇人用活人做祭

品，来表达自己的诚心。

还有一个有意思的现象：古滇人习惯赤脚生活。贮贝器上有众多人物，但不论是贵族还是士兵，男人还是女人，他们都是光着脚的。这可不是工匠粗心大意，漏掉了鞋子，毕竟滇国工匠对细节的刻画程度令人赞叹，比如骑士金盔、金甲的纹理及面貌都清晰可见。从这一点上，也可以说明当地人习惯赤脚。

余音绕梁

20世纪50年代，昆明街头的废品收购站，零星出现了一些锈迹斑斑的青铜器，它们造型奇特，与中原青铜器大不相同，但透露出古老的神秘气息，这引起了考古学家的关注。他们猜想，这会不会是来自某个还未被认知的古老文明？

经过3年的调查和试掘，1956年，考古学家终于在滇池东岸一个高仅33米，杂草丛生、乱石遍布的小山岗上，揭开了云南考古史上最伟大的发现，它就是晋宁石寨山古墓群。此后40多年的考古发掘，清理出战国至汉朝的古墓86座，出土“滇王之印”金印等文物近5000件，其中包括青铜器、金器、银器、铁器、玉器、玛瑙等。

除了石寨山、李家山等贵族墓葬群外，金莲山墓葬群、上西河遗址，以及古滇国的都邑遗址等也被人们陆续发现，神秘的古滇国文明开始逐渐显露。当然还有很多未解的谜团，让我们一起期待更多新的发现和研究。

好了，诅盟场面青铜贮贝器就为你介绍到这儿了，欢迎你来中国国家博物馆感受神秘的古滇国文明。

五星出东方利中国锦护膊

现居地

新疆维吾尔自治区博物馆

外形特征

长方形，可围绕成年男子小臂一圈

属性

织锦

个性签名

天降祥瑞，佑我中华！

毛遂自荐

我是一方走过2000多年光阴的汉朝纺织品。简单来说，我是一件护膊，是在拉弓射箭时，缠绕在手臂上用于保护手臂的。我全身遍布用彩线织出的图案，所以我也叫“织锦”。

我有着圆角长方形的面，四周用白绢包边，两个长边上各缝缀3条长约21厘米、宽约1.5厘米的白色绢带（其中3条残断），用于捆绑固定。

2000多年过去了，岁月在我的身上并没有烙下什么印记，我甚至还保有鲜艳的色彩、精致繁杂的纹样。最特别的一点是，我身上织有上下两排一模一样的汉隶文字——五星出东方利中国。正是这句话，让我的身份大为不同。

“五星出东方利中国”这组词语看上去简直就像现代汉语那样通俗直白，令每个见过我的人都不由惊叹：

难道这是一个穿越2000多年的神秘预言吗？还是天降祥瑞，预示着中华民族将在五星汇聚东方之时繁荣强大，走向复兴？

实际上，我身上“五星出东方利中国”的文字内容，与现代汉语里字面的意思不能混为一谈。“五星出东方利中国”，是我国古代常见的星占用辞，在古代史籍《史记》《汉书》《汉纪》中均有类似的记载，是汉朝比较流行的利用天象占星术的祝福吉祥语，表达希望国家战争胜利和国力强盛的愿望。

整个词语的内涵也与现在不同，其中五星是指金、木、水、火、土；“东方”则是指中国古代星占术中特定的天穹位置；而“中国”是一个地理概念，指当时的京畿地区及黄河中下游的中原地区。因此“五星出东方利中国”准确的意思是：当金、木、水、火、土五星同时出现于东方时，就会对中央国家十分有利。

另外，考古学家还发现了一件与我同时出土的织有“讨南羌”文字的织锦残片，根据图案的缀合分析显示，是从与我相同的锦料上裁剪下来的一部分，织文可以连续释读为“五星出东方利中国，讨南羌……”。“讨南羌”这句织文更进一步佐证了我身上织文的真正内涵，也记录着一段我生活时代的历史和传奇故事。

星汉灿烂

在我生活的汉朝，人们相信占卜天象，认为“五星聚合”这一天象奇观是大吉大利的预兆。那时候，人们都口口相传一个“汉之兴，五星聚于东井”的故事。说是在汉高祖刘邦率兵攻入秦朝都城咸阳的第二年5月的一天晚上，天空出现了五大行星聚合的奇观，从此刘邦率领的汉军一路所向披靡，直至建立了汉王朝。因此世人都认为“五星聚合”天象是“汉之兴”的预兆，汉朝人都期盼“五星聚合”天象的出现。

2000多年前，当时的西域地区分布着多个部落，他们建立了大小几十个国家，汉朝时统称为“西域三十六国”。我所在的精绝国就是西域诸国之一，位于尼雅河下游地区，是中原地区通往中亚陆上丝绸之路上的必经之地。依靠着陆上丝绸之路带来的贸易交往，精绝国一度十分繁荣。

那时，西域的小国往往会为了掠夺人丁、土地、水源，频繁爆发战争。战争阻断了交通，限制了贸易，曾经繁荣的陆上丝绸之路日益衰落。等到汉武帝时期，张骞出使西域之后，社会才又重新恢复了安定，贸易也恢复了往日的繁荣。

到汉宣帝时期，以先零部为首的羌族部落日益壮大，胁迫一些小国起兵反对汉王朝对西域的管辖。为平定叛乱，公元前61年，汉宣帝派兵征讨羌族部落，战事一触即发。

风流人物

在此危急时刻，76岁高龄的西汉名将赵充国主动请缨出战，平定羌族叛乱。赵充国为人有勇有谋，熟悉匈奴和氐（dī）羌的习性，曾率军击退匈奴，平定氐族叛乱，拥立汉宣帝，封营平侯，为“麒麟阁十一功臣”之一。

当时，赵充国率领1万多骑兵进驻西部都尉府几月有余，却一直按兵不动。这一举动让朝廷和将士们都非常不理解，汉宣帝甚至下诏命令赵充国速速出兵，速战速决。但赵充国却只道战机未到，不肯出兵。

原来赵充国了解到这次叛乱是先零部胁迫一些小部落与汉朝为敌，他决定通过安抚、优待的办法来分化、瓦解敌人内部的军事联盟，攻心止战。

时间来到8月。有一天，天空出现了“五星聚合”的天象奇观，汉宣帝下诏命蜀地的织室专门织锦护膊，上面有“五星出东方利中国，讨南羌……”的文字，发给前线将领佩戴。这极大地鼓舞了士气。而此时赵充国的安抚瓦解策略也初见成效，叛乱之军，只剩下先零部孤军奋战。

战机已到，赵充国率军出击。在出兵前，赵充国对士兵们说：“将士们，五星出东方利中国，上天已经给出了五星聚合的吉利天象，这是我们讨伐羌族叛军的最好时机，我们一定会取得胜利！将士

们，让我们佩戴上皇帝赐给我们的护膊，它将保佑着我们凯旋！”凭借这股昂扬的士气，赵充国率军一举平定了羌族叛乱。

此后羌族诚心归附汉王朝，直至西汉末年，陆上丝绸之路一直畅通无阻。赵充国平定羌族叛乱的故事一直在西域传颂，而五星出东方利中国锦护膊也被当作吉祥之物在西域供奉。

时光荏苒，到东汉后期，五星出东方利中国锦护膊被一位精绝国王当作神物带进了坟墓。或许是因为他相信这条护膊能带给他好运，或许也是他内心最真挚的祈祷，希望能再次出现“五星聚合”的天象奇观，国运昌隆。

余音绕梁

曾经繁荣一时的精绝古国，消失在历史的长河中，被黄沙掩盖，成为现今的尼雅遗址。1995年，中日尼雅遗址学术考察队在对新疆和田民丰县尼雅遗址一处墓地进行考古发掘时，发现一座长方形的木棺合葬墓。木棺顶部覆盖有毛毡毯，但糟朽严重，一触即破。开棺后，专家发现墓内葬有两人，非常完整，女左男右，上面盖有织物，充分显示着当年下葬时的情景。棺内还发现有器座、陶罐、木盆、木碗、箭和箭筒、弓和弓囊等随葬品。其中有一件陶罐上发现有“王”字墨书题记，推测墓主可能为某一位精绝国王。

而最令考古队员难忘的是，在男性墓主的右臂上，绑着一条色彩鲜艳的织锦。它在许多已经变得褐黄且几乎腐烂的有机质文物中，格外醒目。当考古队员一点点将这条织锦清理出来时，他们惊喜地发现，织锦不仅逐渐显露出鲜艳的蓝、白、红、黄、绿花纹，还陆续能看到在蓝底上用白色织出的汉隶文字“国”“东方”“五星”等字。最后释读出完整的文字是“五星出东方利中国”！在场的所有

人都非常震惊。后来，当考古学家把这个发现公布于众时，举世轰动！人们不仅赞叹织绵历经千年仍宛如新出的美丽外表，更惊叹于“五星出东方利中国”这犹如神奇预言般的吉祥文字。

虽然吉祥文字并非穿越2000多年的神奇预言，但不论是古代，还是现代，五星出东方利中国锦护膊都寄托了人们对国家风调雨顺、国泰民安的美好祝愿。欢迎你到新疆维吾尔自治区博物馆来看我。

张骞通西域

公元前138年和公元前119年，汉武帝为联合西域大月氏（zhī）和乌孙抗击北方匈奴，先后两次派张骞作为使者出使西域。但大月氏和乌孙为远离匈奴威胁已抛弃故土先后建立了新国家，不愿意冒险和汉朝联合抗击匈奴。虽然张骞出使西域联合大月氏、乌孙抗击匈奴的任务失败了，但在出使过程中张骞与大宛、康居等西域诸国建立了友好联系，加强了汉朝和西域的交往，为开辟通往西域的陆上丝绸之路奠定了基础。

东平汉墓壁画

现居地
山东博物馆

外形特征
跟一间学生宿舍面积差不多

属性
壁画

个性签名
用色彩描一描汉朝生活

毛遂自荐

我来自礼仪之邦山东，老家位于泰山西侧。我还是山东地区迄今发现的年代最早、保存最完整、艺术水平最高的壁画，即便放眼全国，我也是凤毛麟角的存在。

与同时期流行的凹凸不一的画像石不同，我色彩艳丽、线条灵动，装饰在墓室之中，仿佛地下的世界也不再黑暗了。而且我并不是孤零零的一幅，而是铺满了整个墓室。我整体分为上、中、下3层，基本每层为一个题材，内容既有自然界的日月星辰，也有日常生活、饮食起居，还有镇墓辟邪的武士及人物，俨然是墓主人生前生活的写照。想必他既希望将人世间的欢愉带到地下，同时也企盼着死后能够平安顺遂。

星汉灿烂

西汉王朝建立后，实行郡国并行制。汉高祖刘邦曾在白马之盟上对众人说："非刘氏而王者，天下共击之。"就是号召人们守护刘姓天下，如果不是刘姓但却称王，那就要共同讨伐他。

今天山东省泰安市东平县，是汉朝东平国所在地，是刘氏的分封国之一。汉宣帝甘露二年（公元前52年），东平国建立。东汉时，光武帝封皇子刘苍为东平王，他以德治国，政绩突出，在他的治理下，东平国也得到了长足发展。

当时人们相信，死亡不是生命的终结，而是另一个阶段的开始。因此，当时人们把生命不息作为建造墓葬的基本理念。在这一理念指导下，墓葬包含3个核心要素：第一就是辟邪，毕竟地下的世界不比生前，那是一个潮湿阴冷的地方，可能有许多妖魔鬼怪，为避免它们的侵扰需要采取多种措施；第二就是"事死如事生"，肉体虽已故去，灵魂仍旧长久，在地下世界的生活最好也能像繁华喧闹的人间，希望美好的生活能一直陪伴左右，这也是当时厚葬之风盛行的原因；第三是神秘的神仙世界，肉体虽然在地下，天界的神仙生活无时无刻不有巨大的吸引力，要是能过上逍遥自在的神仙生活，那就太完美了。

风流人物

关于我的主人具体是谁，我记忆有些模糊了，只记得好像是当地的一个张姓家族，是当地的豪门望族，俸禄好像在两千石以上。对了，其中有个墓葬还出土了一枚“张□私印”的印章，可以作为张氏家族的物证之一。

虽然关于墓主人的信息不是那么详细

了，但墓中壁画描绘有48个人物，构成了一幅鲜活的群英谱。一些壁画也表现出主人生前的生活场景，他的品性、喜好也能窥见一斑。

一号墓墓顶的6块巨石上绘满了云气纹，在白云之间有一轮鲜艳的红日，红日中心有只三足金乌在展翅飞翔。神话中，太阳里有金黄色的三足乌鸦，古人把“金乌”作为太阳的别名，也叫“赤乌”。云气图象征着日月天象，意味着墓主人在死后世界也能看到和生前一样的日月星辰。

在门楣上有12个人物，他们或是佩带武器的武士，或是眉须飘然的文人。武士主要负责镇守墓主人的陵墓，而文人估计代表了墓主人生前交流甚多的文人雅士吧。这12个人的形象神态、表情、动作不一，不论是眉毛还是胡须，均刻画传神，栩栩如生，他们是取材于生活而又高于生活的典范。

在我北面墙壁上层，描绘的是“梁高行拒王聘”的故事。故事说的是春秋时期梁国有一名年轻的寡妇，因为长得美丽又品德高尚，经常被王公贵族追求。梁王听说后也派人下聘，想把她娶进宫中，但她拒绝再嫁，甚至持镜操刀割掉自己的鼻子以表明不嫁的决心。梁王为她的气节所感动，便放她回家，并赐号“梁高行”。这是当时社会宣扬儒家伦理道德的孝子烈女故事，这类题材在汉朝画像石刻中很常见。

壁画中，梁王派来的使者双手托举聘书跪在地上，梁高行侧身回首，想要接过聘书，但似乎不知聘书的内容；而后梁高行右手持镜照面，背向使者，左臂长袖后甩，似是拒绝之意。画面成功地捕捉到故事发展、高潮、转折的瞬间，人物的形象跃然而出。

中层描绘有9人，作拜谒、攀谈状，有人认为这组图表现的是孔子见老子的内容。

第三层的绘画最具生活气息。两侧有两人相对而立，一人合手观赏，另一人则平伸双手。中间绘两条狗、两只鸡：一条狗回首张望，另一条狗飞跃向前；一只鸡昂首站立，另一只鸡长颈向前。画面左侧还有三个佩剑的家丁，浓厚的烟火气瞬间袅袅升起……

如果说我北侧的壁画更多表现的是故事、拜谒等场景，那么南侧的壁画真正是一派歌舞升平的画面。主人生前是一个喜好乐舞的人，尤其喜欢一种叫作“盘鼓舞”的舞蹈，这不，他将场景一五一十地描绘了出来：主人与来访友人对坐，案上摆着果盘，他们交谈气氛融洽，目光落在正表演的精彩绝伦的舞蹈上。舞蹈由4名梳着高

髻、长裙束腰的美丽女子演绎，其中一名女子甩袖而舞，另三人挽袖站立一侧看向起舞女子，好像在为其歌唱助舞。这种舞蹈要求高超的平衡技巧，舞时将盘和鼓覆置于地上，舞者时而仰面折腰双足踏鼓，时而跪地俯身摩击鼓面，时而奋起甩袖轻盈跳跃，“体如游龙，袖如素霓”，舞者在盘鼓上伴随不同的音乐节奏起舞，时俯时仰，时动时静，美妙至极。

除了盘鼓舞让人啧啧称奇外，杂技表演也让人拍手叫绝。只见一女子双手倒立于圆垫之上，另一女子双手扶着她的双脚，帮助其完全

倒立，两人配合默契，展示着一个个难度极高的动作……从一个个惟妙惟肖的情景中，可以想见主人和来访好友边看边聊的愉悦心情。

余音绕梁

2007年夏天，东平县城区内商城建筑工地在施工过程中发现汉朝壁画墓，山东省文物局立即组织有关专家赶赴现场，会同当地政府和文物部门组织抢救。在发掘的过程中，发现墓葬中的壁画非常精美，色彩鲜艳，具有非常重要的保存价值。

早期彩色壁画对保存环境要求极为苛刻，必须置于恒温、恒湿的环境中，否则将难以保证壁画的完整和鲜艳程度。鉴于此，文物局决定，立即将出土的壁画运至山东博物馆，建立具有恒温、恒湿功能的专室进行密封保存，并聘请北京、西安壁画保护方面的专家进行保护处理。

目前，这批壁画被置于山东博物馆常设展厅中的专门区域的恒温、恒湿展柜中。结合壁画的位置和内容，专家还制作了壁画原貌的大型复原图片，可以让观众看到壁画原来的场景。

铜奔马

现居地

甘肃省博物馆

外形特征

大小与 16 寸拉杆箱相似，质量和一个大西瓜差不多

属性

青铜

个性签名

天马行空

毛遂自荐

大家好，我叫铜奔马，是中国旅游的标志，也是一件海内外皆知的中国国宝。我为什么能够获得这么多的荣誉呢？

首先，你可以看看我的样貌。一匹正在奔跑中的马，头略微侧偏，双眼凝视前方，鼻孔张得有些大，所以大家拍照时都避开了我有些尴尬的正面，而是转向我俊俏的“侧颜”。三足腾空飞起，右后蹄踏着一只展翅飞翔、回首惊愕的飞鸟，以蹄下惊愕的飞鸟来衬托我奔跑的速度，可以说是十分巧妙的构思了。

其次，你可以看看我的铸造方式。我曾去文物医院进行X光的拍摄，结果显示，我的头、身子、腿、尾巴，以及蹄下的飞鸟等几个部分，是分别铸造完成后，再统一组装的，这种方法在当时是非常有技术含量的。另外，我全身的着力点在踏着飞鸟的那只蹄子上。X光片显示，那只蹄子内还夹有铁芯，用以增强支撑力和强度，而飞鸟展开的双翅正好起到了平衡支撑的作用。如果我的制造者没有掌握这些巧妙的力学原理并懂一些数学计算，你们现在就不一定能看到完整的我了。

另外，你可能听说过我的另一个名字“马踏飞燕”。早年间，人们确实这样称呼我，不过这个名字有很大争议，争论焦点在于马蹄下所踏的到底是不是“燕”。因为燕子的尾巴是分叉的，而马蹄下的鸟尾巴并没有分叉。马蹄下的“飞鸟”到底是什么，目前并没有定论，有“燕子说”“乌鸦说”“飞廉说”等。所以现在学术界给我改了一个更准确的名字，就叫“铜奔马”。

其实除了“飞鸟”外，我身上还有许多未解之谜，吸引着一代代学者的注意。现在我要给你讲讲我的故事，这一切都得从我作为一匹马说起……

星汉灿烂

汉皇西域寻天马

关于铜奔马的原型是什么品种的马，虽然学术界有不同的意见，但是从文物身上的“对侧步”特征和强壮的肌肉，基本可以判断这匹马是西域“天马”与蒙古马的杂交种。汉朝人十分爱马，许多史书都有“汉武帝西域寻天马”的记载。

汉朝之前，中原地区马匹的主要用途是拉车或者农耕，作为战马的作战能力远不及西域的良马。雄才大略的汉武帝一边坚持着和亲政策，一边寻求宝马。张骞从西域回来后，告知汉武帝在大汉西面约1万里的地方，有一个叫大宛的国家，那里盛产好马。传说有一种马，马的脖颈处流红色的汗水，就像流血一样，称作汗血宝马，作战能力非常强悍。汉武帝听到后十分高兴，于是就派使者到大宛国，想要用同等大小金子做的马去换取大宛国的汗血宝马。

汉朝使者千里迢迢来到大宛国重金求马，却不承想，大宛国国王拒绝了这一请求，还在这位使者回国的途中，派人悄悄杀了他，把金马抢走了。汉武帝听到后震怒，就派将军李广利率领几万大军，攻打大宛国。

可是李广利的征战并不顺利。由于他们是第一次征战大宛，没有想到路途如此遥远，加之路上又多高山、大漠，准备的粮草、装备都不足，因此攻不下城，只得带兵回到敦煌，往返花了两年时间，士兵只剩下原来的十分之一。

回到敦煌后，李广利派遣使者给汉武帝上奏章，希望暂且撤兵，

日后兵力增强再征大宛。汉武帝看后大发雷霆，派使者拦守玉门关，说军中敢有入关者立即斩杀。李广利不得不留驻敦煌。

两年之后，汉武帝命令李广利再次进攻大宛，这次大汉做足了准备，得以攻入大宛外城。李广利大军围攻大宛城40余日，切断了城里的水源。大宛国内，大臣们知道大汉这次是来报当年杀使者、抢金马之仇的，就把国王杀掉了，将国王的首级送到了李广利的手里，又赠送了数十匹汗血宝马及3000多匹良马。李广利一行这才撤兵，班师回朝，汉武帝十分高兴，作了一首《天马歌》，流传至今。

军马养殖基地

据传，大宛国献上的这批马被带到了武威的河西地区。这里是一片草原，水草丰美，特别适合养殖马匹。汉武帝在这里设置了第一个官方的军马场，然后将汗血宝马与当地的蒙古马进行杂交培育，在武威培育出了一个兼具蒙古马与西域马特点的马种。东汉初年，国家还在武威设置了主管马匹的官吏，正职叫牧师苑，而副职就叫弼马温。明朝小说《西游记》一书中，孙悟空被封为弼马温牧养天马，“弼马温”这个官职就是参考了汉朝武威牧马官员的官名。

后来，随着丝绸之路的开通，西域每年向汉朝进贡天马，河西地区慢慢变成了一个重要的军马养殖基地，延续至今。

引入西域天马两百年后，东汉与西羌部落开始了长达百年的战争。而河西地区培育出的军马，也就是铜奔马的原型马种，就在这场汉羌之战中发挥了巨大优势。

那么铜奔马的主人是谁呢？

风流人物

铜奔马出土于武威雷台M1号墓，M就是考古学里墓葬的标志，M1就是1号墓葬，它是一座夫妻合葬墓。M1的墓主人是谁？他竟然能够让铜奔马这种宝贝作为他的随葬品。考古学家在清理墓的过程中，慢慢地将墓主人的身份信息聚焦到了这几个关键点上：

一、在铜奔马上刻着“守左骑千人张掖长张君”“张君前夫人”“张君后夫人”等铭文，这记录了墓主人的姓氏与官职；

二、墓葬中出土了4枚印章，但印章上的文字磨损严重，只能看清“XX将军章”几个字样；

三、这座墓葬的其他随葬品明显是分两批下葬的，一批年代较早，一批年代较晚。

许多学者根据第一个关键点认为墓主人是曾经在张掖县当官的张氏将军，但是史书里记载的符合这一条件的人太多了，根本无法确定是谁。

在很长的一段时间里，学界有说法认为墓主人是张轨。因为有专家识读这4枚印章上的字分别是“安西将军章”“镇西将军章”“车骑将军章”和“骠骑将军章”。从东汉到晋代，与武威地区有关的，且有这4枚印章的人，只有西晋的张轨一人。张轨曾经在这里击退了鲜卑人的入侵，在当地有了很高的名望，然后又多次不遗余力地出兵保护朝廷，对朝廷忠心耿耿，扶大厦之将倾，所以西晋朝廷先后任命他这些官职。

但是张轨的妻子却早于他去世了，墓葬之中的“张君前夫人”指的就是她。那时候张轨的官职还不是很高，所以他的妻子埋葬时不可以用规格很高的随葬品。后来张轨有了另一位夫人——张君后夫人，这时候的张轨已经是朝廷重要的元老之一，在他60岁去世后，他的墓葬规格和随葬品与“前夫人”相比提高了许多，所以就有了一座墓葬之中有两批不同等级随葬品的现象。

近年来，有学者根据科技考古的研究提出墓主人很可能是东汉末年的破羌将军张绣。但墓主人究竟是谁，还有待论证。

余音绕梁

1969年9月，甘肃省武威县村民在挖防空洞时发现了古墓葬，墓中有许多铜车、铜马、铜人。村民们便将这些铜器放在麻袋里，搬到了当时生产队的库房，准备等机会将这些文物卖给供销社换取农具。他们约定这件事要严格保密。可事情还是传到了当时的公社书记那里，他告诉村民，出土的文物，不能变卖，更不能毁坏，要向上级政府反映。于是这批文物才有机会被调到甘肃省博物馆里保管。

但人们真正认识铜奔马的价值，还要到1971年郭沫若陪着柬埔寨宾努亲王参观甘肃省博物馆时。当郭沫若第一眼看到铜奔马时，就对铜奔马的造型赞叹不已，称它是一件稀世珍宝，并且说“拿到北京可以引起轰动。你们好好宣传，我回去也给你们宣传宣传”。当铜奔马在故宫博物院武英殿展出时，郭沫若曾对周围的同志夸赞：“甘肃‘马踏飞燕’来了要压倒一切！”铜奔马在北京的展览上一鸣惊人，甚至有“四海盛赞铜奔马，人人争说金缕衣”的盛况。铜奔马1983年被国家旅游局确定为中国旅游标志，1996年被确定为国宝级文物，2002年被国家文物局列入首批禁止出国（境）展览文物的名录。

至此，这匹飞翔的天马成了举世皆知的文物，扬名中外。

三国贵族生活图漆盘

现居地

马鞍山市三国朱然家族墓地博物馆

外形特征

与家中盛菜的盘子一般大，相当于一盒牛奶的质量

属性

漆器

个性签名

三国贵族生活的影像记录

毛遂自荐

我是一件盛放食物的盘子，但不同于你家里的瓷盘，我是在木胎上刷漆而成的漆器，不容易碎。我的外表有黑、红两种颜色，内壁涂红漆，外壁涂黑漆，古朴之中透着典雅。

我最为人所称道的还是盘内的绘画，并不算大的空间内，画有宴饮、出游、娱乐、梳妆等情景，画面主要分上、中、下3层，布局分明，内容多而不乱。盘内共绘有12人，上层为宴饮图：左边的男女是夫妻二人，侍女立于左侧侍酒；右边是两位来访的男宾，座前有一矮足圆盘，盘中盛放食物。中层为梳妆娱乐图，可以分为3组：左边是一女子正对镜梳妆，旁边置有一奁；中间两名男子分别坐于棋盘两侧对弈，兴致正浓；右侧则是驯鹰图，两人对坐，手臂向前举，各架一鹰。最下层为出游图，只见一人骑在马上向远方的山峦前进，一名侍从徒步跟随其后。

画面所表现的都是当时生活的真实写照，工匠用笔非常简练，寥寥数笔便将生动的情景再现出来，人物的悠闲惬意也跃然盘上。人们说我不但弥补了那一时期绘画资料的空白，而且还反映了漆器制造以及绘画的演变，因此价值不凡，我得以入选首批禁止出国（境）展览文物名录。

当然，除了颜值，我自身的实力也不容小觑。我的主人是三国时期的吴国大将——朱然，当年我是主人优渥生活的见证者，现在我是主人所处时代的“代言人”！

星汉灿烂

提到三国，想必大家都不陌生。在那个战火纷飞的时代，形成了魏、蜀、吴三国鼎立的局面。也正是在这个时期，出现了很多叱咤风云的英雄豪杰，曹操、刘备、孙权、诸葛亮、关羽、赵云、张飞、黄忠、周瑜等，数不胜数。后世的人们仍然对那个时代和英雄人物津津乐道。

吴国在三国中位于东南部，也就是现在中国的江南地区。在50多年的统治时间内，吴国经历了4位统治者，是三国之中历时最久的。

吴国对开发江南地区做出了重大贡献。

三国鼎立的局面形成于孙权时期，当时他征讨山越、火烧赤壁、败关羽夺荆州，一举奠定了吴国疆域的轮廓，天下遂成三足鼎立之势。由于当地水源充足、沟渠纵横，水军建设有先天优势，加上吴国政权的重视，吴国水军的实力远超魏国和蜀国。最著名的案例当属赤壁之战，这是一场史诗级的水上战争，孙权和刘备的联军用火攻大破魏军，数十艘船在河面上燃起大火，浓烟遮天蔽日，被烧死和淹死的魏军不计其数。火趁风势，甚至蔓延到魏军设在陆地上的营寨，魏军损失惨重……

而我的主人朱然也是当时的豪杰，小说《三国演义》中，擒关羽的就是他。而在真实历史中，他确实以勇烈闻名，任吴军大都督，官拜吴国左大司马、右军师，受封当阳侯。他到底是一个什么样的人物呢？

风云人物

擒关羽

朱然的家族是吴国的显贵。朱然本姓施，13岁时过继给舅父——

吴郡太守朱治，遂改名为朱然。他与孙权自少年时就是十分投机的同窗好友，在孙权执掌了吴国大权后，朱然被委以重任。

朱然职业生涯中的高光时刻应该是在公元219年前后。赤壁之战后，荆州7个郡被魏、蜀、吴三家瓜分，刘备留关羽镇守荆州五郡。孙权一直对荆州地区虎视眈眈，欲占为己有。终于在关羽出兵攻打魏国时，他派吕蒙和朱然趁虚偷袭荆州，占

据了荆州三郡。而朱然更是在关羽败走麦城时，成功地擒了关羽，一时名声大噪。要知道，关羽可是蜀国的名将，被后世尊称为“武圣”“关公”的英雄。能擒住这样一位显赫人物，需要的不只是运气，更是谋略。因此荆州一战，立下战功的朱然青史留名，也被孙权加封，“迁昭武将军，封西安乡侯”。

守江陵

关羽死后，吴国与蜀国的战争一触即发，病重的吕蒙向孙权推荐朱然，由他来镇守江陵。在夷陵之战中，朱然率军5000人，与陆逊合力大破蜀军，朱然又被升为征北将军，封永安侯。随后，吴国与魏国的战争也开始了。魏国君主曹丕御驾亲征，调集三路大军讨伐吴国，其中一路攻打江陵。魏军气势汹汹，人数众多，江陵这一围，就有6个月之久。但朱然固守江陵，坚持作战，最终击退或者说熬走了魏国大军。

公元249年，朱然病逝，享年68岁，孙权为其素服举哀。朱然一生中，与蜀国、魏国都打过仗，也取得了不错的战功，通过他墓中的随葬品也可以看出三国之间的密切往来，包括这件贵族生活图漆盘在内的一批漆器上，都明确题有“蜀郡作牢”或“蜀郡制”等字样，说明是蜀地制作的。至于为何蜀地所产的器物会在吴国，有好几种可能性，有的说是通过市场贸易，有的说是蜀地的毛坯到吴地再加工完成的，也有的说是因为朱然与蜀军交战而缴获的战利品，但未有定论。

余音绕梁

1984年6月，吴国大将朱然的墓葬在安徽省马鞍山市南郊被发现，是迄今发掘的三国吴墓中等级最高的一座。墓葬虽遭盗掘，但仍出土140多件文物，包括漆器、瓷器、陶器、铜器等，尤其是出土的80余件漆器，占到了出土文物的57%。这些漆器有十余种器型，绘有人物故事及动植物等各种图案，堪称中国古代漆器工艺品的一座宝库。而这批漆器产自当时的蜀郡，是极为少见的三国绘画史料。漆画借鉴和延续了汉朝绘画的风格，也体现了当时的社会风气，人们开始关注现实中的人和生活，开始对生活进行写实描绘。正如这件贵族生活图漆盘上所表现的梳妆、对弈、驯鹰、出游等场景，都是对当时社会的真实反映。

三国，一直以来都是人们茶余饭后津津乐道的话题，而朱然墓的发现再次引起人们对那个三足鼎立时代的追忆。如果你也对三国时期的贵族生活感兴趣，欢迎来三国朱然家族墓地博物馆，我在这里等你。

竹林七贤与荣启期砖画

现居地

南京博物院

外形特征

一组高 78 厘米，长 242.5 厘米；

二组高 78 厘米，长 241.5 厘米

属性

砖

个性签名

记录魏晋时期第一风流名士团体

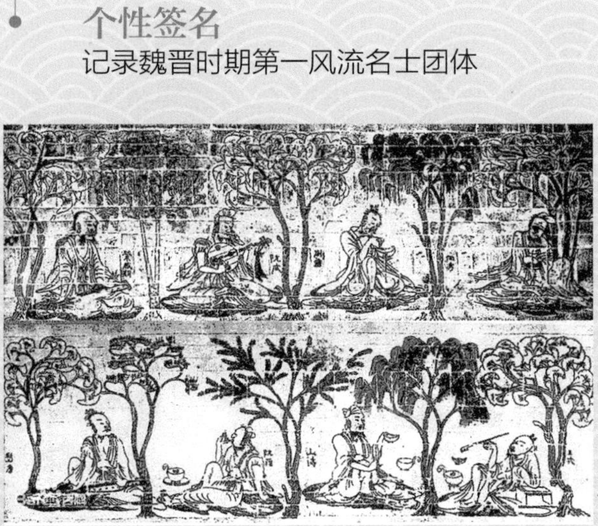

毛遂自荐

我的名字叫作“竹林七贤与荣启期砖画”，来自魏晋南北朝，至于是宋、齐、梁、陈哪朝，我自己也记不清了，但我对老家南京记忆犹新，那时它还被称作建康。自我出生以来，我一步也没离开过这方滋养我的土地，这是我作为文物的幸运。

我最初的样貌仅仅是300多块普通的砖坯，当匠人们将一个个鲜活的人物印在我身上时，我并不知道他们想干什么。入炉烧造后，我成了质地坚硬的砖块。他们到底要干什么呢？我还是一头雾水。直到我被一块块整齐地摆放到一个墓室的两壁，我才明白匠人们把我拼接成了两幅砖画。每幅画中各有4个人物，南侧是嵇康、阮籍、山涛、王戎4人，北侧是向秀、刘伶、阮咸、荣启期4人。前7人有个响当当的别号，叫作“竹林七贤”，最后一位荣启期是春秋时期的“遁世之士”。将不同历史时期志趣相同的人物展现在同一幅画面上，想必既是墓室两壁画面对称的需要，同时也想反映当时“贵在肆志”“仰慕同趣”的社会风尚。

用砖作画的历史由来已久，自战国至魏晋一以贯之，但用如此多的砖块拼接成壁画的形式可谓屈指可数。于是，我作为迄今为止所发现的最早一幅魏晋人物画的实物，作为现存最早的“竹林七贤”人物组图，成为首批禁止出国（境）展览文物之一。

自我介绍了这么多，你心中可能有个疑问：那时人们是如何将300多块墓砖丝毫不差地拼接起来的呢？事实上，每一块砖上都有“隐藏的密码”。砖拼壁画的图案都是模印在砖的端面或是侧面，而密码就藏在不外露的砖面上。那个砖面上模印有表示墓砖位置和编号的铭文，格式为“某某　上/中/下行　第几”，如“向　上行　第卌一”，“向”代表的就是向秀，“上行”标明的是墓砖在壁画中的位置，“卌一”就是砖的编号，这样一来，工匠们就知道每块砖应该砌在哪里了。

砖画中，8个人席地而坐，或抚琴啸歌，或颔首倾听，或把酒言欢，或袒胸露腹，其间以银杏、松树、槐树、柳树等树木相隔，各部分相

对独立又统一为完整画面。8个人性格迥异，但他们“玄虚淡泊，与道逍遥”的志趣相投，举手投足间流露出魏晋风度，他们的才情、他们的风骨，直到今天也是人们所追求的……

星汉灿烂

“天下大势，合久必分”，经历大汉王朝的大一统后，中国大地上到处战火纷飞，南方地区先后建立起宋、齐、梁、陈4个政权，它们都以建康为首都，被称为南朝，与北方的北朝相对，史称南北朝时期。朝代更迭、战火不熄、国土分裂，想必任何一个人都不想生活在这样的环境中，人们变得苦恼、颓废，也想寻找新的慰藉。这时，一部分士大夫阶层在老子、庄子的学说中找到了心灵的归宿……

老庄之学一向讲求“出世”，直白地说，就是不以现实生活的荣华富贵为人生追求，而是寻求“采菊东篱下，悠然见南山”的乐观生活态度。这种崇尚自然、隐逸遁世的态度为内心苦闷的文人们所推崇。于是，他们开始放任自己，寄情山水，把酒言欢，吟诗作乐……

令人意想不到的是，他们放飞自我状态下的创作竟成就了建安

文学，他们也得到了权贵们的赏识。权贵们想把他们招至麾下；求学之人都想见到他们的庐山真面目，要是能求得他们的几句箴言，可是值得炫耀的大事；甚至当朝宰相也希望能做像“竹林七贤”那样的人……魏晋时期第一风流名士团体的生活方式，成了那个时代最潮、最受追捧的！

风流人物

要说风流人物，我身上模印的“竹林七贤”与荣启期可谓个个风流倜傥。

在“竹林七贤”当中，以阮籍和嵇康最为著名，流传下来的诗文佳作最多。阮籍脾气古怪，性情豪放，他善于长啸，经常喝醉了就去山野荒林中长啸，发泄胸中的闷气。当时的人看他经常无缘无故地长啸，都觉得他有点儿“痴”，其实阮籍并不痴，相反，他很有智慧。

在任东平太守的时候，他骑着一头小毛驴去上任。到任后，他下令将衙门前面的屏障全部拆除，使衙门内外能够互相望见，这样一来就拉近了官民之间的距离。仅仅用了10天的工夫，阮籍就把东平郡治理得秩序井然。但他只想为百姓做事情，对于荣华富贵实在没什么兴趣，也不想卷入政治斗争。于是，当皇族司马氏想要拉拢、收买阮籍时，阮籍故意装聋作哑不回应，还喝得烂醉，巧妙地回绝司马氏的提亲。

嵇康也是一个很有才华，但行为不拘一格的人。他学识渊博，长得一表人才，不但善于弹琴、作诗，而且还很有力气，擅长

打铁，常与向秀一起打铁。但嵇康最为后人所津津乐道的是《广陵散》的故事。

有一天，嵇康在郊外游玩，晚上在华阳亭中休息，他拿出古琴弹奏，突然有一个人，自称是古人，与嵇康谈论音律，谈得十分尽兴，于是向嵇康借琴弹奏，声调绝伦。这便是《广陵散》，古人将此曲传授给嵇康。

后来“竹林七贤”之一的山涛（字巨源）违背誓言，入仕做官，还想拉拢嵇康一起做官，被嵇康坚决拒绝。嵇康写了一封《与山巨源绝交书》，痛骂山涛的变节行为，揭露司马氏统治的残酷和黑暗。这一举动彻底得罪了司马氏。因此司马氏下令逮捕嵇康，并判嵇康死刑。在行刑前，嵇康要了一把古琴，从容不迫地弹奏了一曲《广陵散》。曲调悠扬悲壮，在场的人听得直落泪，纷纷为他求情。嵇康死后没有

人会弹《广陵散》了，至此，《广陵散》成为千古绝唱。

刘伶最大的特点是嗜酒如命，他为人通达诙谐、胸襟开阔。当时的人们看到一驾鹿车远远地行来，刘伶歪歪斜斜地坐在上面，衣衫不整，手里还抱着一只酒坛，一边哼着小曲儿，一边继续畅饮不停。这怪异的举止引来一大群人跟着看，当看到是相貌丑陋的刘伶后，人们没了兴致，纷纷说："是他呀！天天醉得像什么样子！"大家哄笑着散去，也不跟随了。刘伶却毫不在意，美美地喝下一口酒，然后吩咐车后扛着铁锹的仆人："如果我醉死在路上，你就地挖个坑，把我埋了就行啦！"说完再不理会。

阮咸是阮籍的侄子，他精于音律，喜好饮酒，放荡不羁。当时的中原地区有"七月七，晒陈衣"的习俗，就是在农历七月初七当天曝晒旧衣裳，这样可以防虫蛀。有一年的七月初七，居住在官道北边富裕的阮氏人家，将用绫罗绸缎做的衣物拿出来在阳光下曝晒，鲜艳夺目。而住在南侧的阮咸也在自家的院子里竖起了几根竹竿，找出当时被叫作"犊鼻裈"的粗布短裤挂在了上面。阮咸的这一举动自然招来了族人的谴责，他们认为这是给族人丢脸，但阮咸振振有词地说："既然大家都在七月七这天晒旧衣，我也就把这些衣服拿出来晒了晒，这又碍着谁了呢？"

除了魏晋时期的“竹林七贤”外，砖画上还出现了第八个人，即荣启期，只见他披发长须，正聚精会神地弹奏五弦琴。他是春秋时期有名的隐士，孔子曾向他提问：“为何你既老且穷，却仍然十分快乐？”荣启期回答称：“我能生而为人，是第一乐；我能生而为男子，是第二乐；我能活到90岁，是第三乐。贫穷是士者的常态，死亡是人最终的归宿。因此为何不快乐呢？”

“竹林七贤”与荣启期这8个人物虽然行为怪异，与当时的社会风气格格不入，但他们保持个性、淡泊名利、不媚权贵的品行和气节，影响了一代又一代的知识分子，成为一种文人气节的代表。

余音绕梁

1960年，江苏省文物工作者在南京市西善桥宫山北麓发掘了一座南朝大墓，墓中出土了一些陶器、瓷器、铜器等文物，而其中最有价值的当属竹林七贤与荣启期砖画。这幅砖画是南朝历史文化的敲门砖，引导我们去感受那个时代的生机勃勃、辉煌灿烂。

无独有偶，这类砖画除了在南京市西善桥出土外，还在江苏省丹阳市，南京市栖霞区、雨花台区等地的墓葬中出土，但无一例外，这些砖画都是南朝的，属于宋、齐、梁、陈的皇室贵胄。虽贵为皇室成员，但在当时纷繁复杂的社会环境中，他们仍然将“竹林七贤”视为高士，企盼能与他们为伍，即便是在另外一个世界。

建安风骨

“建安七子”与“三曹”往往被视作魏晋时期文学成就的代表。“三曹”是指曹操、曹丕和曹植。“建安七子”包括孔融、陈琳、王粲、徐干、阮瑀、应玚、刘桢，是建安年间7位文学家的合称，他们对诗、赋、散文的发展，都曾做出过贡献。7人当中，除被曹操处死的孔融外，其他6人都依附于曹操父子。“建安七子”中，王粲在诗赋上的成就高于其他6人，其作品最能表现哀思，代表作《七哀诗》与《登楼赋》，最能代表“建安风骨”。

鸭形玻璃注

现居地
辽宁省博物馆

外形特征
成年男子手掌大小

属性
玻璃

个性签名
北燕开国元勋的“掌上明珠”

毛遂自荐

我是一件来自十六国时期北燕国的玻璃器皿。虽然现在玻璃早已走进寻常百姓家，成为再普通不过的器物材料，但在重金石、尊玉器的中国古代社会，我可是十分稀有的。

我生活的年代，正处于魏晋南北朝时的民族大融合阶段。我从罗马帝国千里迢迢而来，沿着漫长的丝绸之路，期待探索神秘的东方国度。

我的容貌虽经岁月洗礼，沧桑了不少，但依旧阻挡不了由内而外的呆萌气质。我的整体造型犹如一只伸着脖子的小鸭，身着淡绿色外衣，脖子上“珠光宝气”，背上的翅膀由玻璃条缠绕而出，尖尖的尾巴透露出一丝机灵。腹部下面有一块圆饼玻璃，这可是我独特造型的点睛之笔。平时我的重心在前，总有种摇摇欲坠的感觉；但当我肚子里盛上一半左右的水或酒时，就能稳如泰山了。像我这样造型的玻璃器皿可是举世罕见哟！

我出生在有着无上荣耀的罗马帝国。与东方的国家不同，罗马帝国盛产玻璃器皿，那里贵族与富人餐桌上的玻璃器具随处可见。当时罗马人喜欢将珍贵的化妆品或葡萄酒盛放在与我相似的鸟形器中，然后将尾部封住，就像现在储存药品的安瓿瓶一样，当需要使用瓶内物品时，打断尾部，瓶内的物品就能倾倒出来。不过，这种鸟形器是没有口的，跟我还不太一样。

那我到底是做什么用的呢？我也记得很模糊了，有人说我的吹制结构跟古代文献中记载的“虚则欹（qī），中则正，满则覆”的欹器道理一致，认为我是放在座位右侧提醒自己不要自满的座右铭，形象

阐释着“满招损，谦受益”的哲理。

无论如何，我曾经跨过高山和大海，也穿过人山人海，当我跋山涉水来到这片陌生土地时，看到的是一番不一样的景象……

星汉灿烂

十六国时期是一个民族大动乱、大迁徙、大融合的时期。当时的西晋王室日益衰微，周边地区少数民族逐渐崛起。他们逐鹿中原，互争长短，处于东北的慕容鲜卑也适逢其时地登上了历史舞台。

当时鲜卑族的慕容部率军入居今天辽宁一带，努力学习汉文化，融入汉文化圈，他们曾经将“慕容”附会儒家文化，做出了“慕二仪之德，继三光之容”的解释。“二仪”指天、地，“三光”是说日、月、星辰，这句话其实是在表达自己对于汉文化的追随。

公元337年，慕容皝（huàng）建立了前燕国，其领土范围北起辽河，南至黄河以南，曾与南方的东晋、西方的前秦三足鼎立，盛极一时。后来，前燕被灭，慕容垂又于公元384年建立了后燕国，没过多久又被北燕国所取代。这是一段段云谲波诡的往事，也是一场场腥风血雨的战争……

但这样一个乱世，也是文化交融空前发达的时代。当时北方草原的东西方交通日益重要，这条东至辽东乃至朝鲜、日本，西接伊吾（今新疆哈密）的草原路线逐渐贯通了中国北方，成为一条连接西亚、中亚与东北亚的国际路线。

当时中国北方草原是游牧民族生活的主要地区，各民族势力强大后，都想争夺北方草原地区的控制权。当时北燕北邻契丹，西接柔

然，这些少数民族都位于原丝绸之路的通道上，掌控着北燕对外交往的大权。所以北燕历来重视发展与周边少数民族的关系，与各民族之间保持着友好的往来，北燕皇帝的女儿就嫁给了柔然的统治者——可汗，而柔然可汗也曾向北燕献马3000匹、羊1万只，两国一直保持着良好的关系。这件鸭形玻璃器，可能就是沿着丝绸之路自西而来，最终被北燕开国功勋冯素弗收入囊中，成为他的心爱之物。

风流人物

初入政坛，引杀身之祸

后燕统治时期，我的主人冯素弗随父亲冯安、哥哥冯跋等人逃难至燕都龙城，也就是现在的辽宁朝阳地区。当时兄弟俩都在朝廷任职，哥哥冯跋是个小小的中郎将，主人的官阶更低，是侍御郎、小帐下督，而这小官也是他几经周折求来的。

史书中记载主人“资貌魁伟，雄杰不群”，但仪表不凡也不能当饭吃啊，当时无钱无势的主人连娶个媳妇都成问题。最初，他向尚书左丞求亲，吃了两次闭门羹。他又向尚书郎求亲，人家也没有答应。后来听说南宫令成藻很有才干，便登门造访，成藻一听是冯素弗前来求亲，直接闭门不见。可主人是个倔脾气，成藻越躲避他，他越知难而进，他从小道绕进成府，与成藻对坐，旁若无人。就这样一连交谈、喝酒好几天，成藻越发觉得主人谈吐不俗，感慨道："我一直想到远方去寻找人才，不知道就近在身边啊，认识你实在太迟了。"于是就将女儿许配给了他，还主动向后燕皇帝慕容熙推荐他。皇帝慕容熙就随便封了主人一个侍御郎、小帐下督的打杂官职，就当是做个顺水人情了。虽然官小，但主人终于有机会步入政坛了。

可惜主人张扬的性格实在不适合官场，一件小事就把皇帝给得罪了。有一天，主人与冯万泥等一众伙伴在河中游泳，正在畅游之时，主人看见有一条小金龙，便问冯万泥："你看见了吗？"冯万泥等小伙伴都问："没有啊，看见什么？"主人便从怀里掏出一条小金龙向大家炫耀，证明自己非等闲之辈。这事传到了皇帝慕容熙那里，他要求主人上交小金龙，主人不答应，于是就招来了杀身之祸。

建立北燕，让位冯跋

主人兄弟俩为躲避追杀，不得不逃到北票的大黑山。在这里，他们重整旗鼓，谋划大业。主人对哥哥说：“现在慕容熙昏庸无道，又残害你我兄弟，既然已经走投无路了，我们不能坐以待毙，应当揭竿而起，建功立业！即便大业未成，大丈夫也该有此血性！”于是兄弟二人联手潜回龙城，联合其他力量，杀了慕容熙。

哥哥冯跋被推举为统治者。冯跋却力推弟弟冯素弗，说他才智过人，功勋卓著，应该成为君王。主人推辞再三，说：“我听说历史上都是父亲、哥哥先拥有天下，然后传位给儿子或弟弟，从没有听说儿子或弟弟先于父兄夺得天下的。现在国家刚刚建立，民心未定，根基不稳，内忧外患，理应由哥哥即位。请哥哥上顺天命，下顺民心，登上皇位，统帅万民！”于是，冯跋即位，建立北燕，主人被授予侍中、车骑大将军、录尚书事，揽北燕军政大权于一身，成为北燕的“二当家”。冯跋即位后，没有改燕的国号，仍然称“燕”。后世为了区分，称其为北燕。

大展宏图，英年早逝

主人虽然身居要位，但他“谦虚恭慎，非礼不动，以身帅下，百官服之”，我这件与主人生死相随的鸭形玻璃注或许就是当年他修身治国的一件警示物吧。他时刻以此提醒自己不可妄自尊大、刚愎自用，谦虚才能得到益处。当初拒绝主人求亲的大臣，害怕遭打击报复，向他赔罪，主人宽慰他说："既往之事，岂能与君计之！"主人不仅不计较过去的恩怨，而且对这位大臣礼遇有加。主人这般胸怀使百官对他更加敬重。而对那些贪赃枉法之徒，主人却锱铢必较、毫不手软。这使得北燕政通人和，呈现出一派欣欣向荣的进取气象。

正当冯跋与主人兄弟俩欲联手共创大业时，主人却突然病逝。亡故原因很可能是政务繁忙以致废寝忘食，最终积劳成疾。主人去世时仅30多岁。主人去世后，国君且是哥哥的冯跋伤心欲绝，夜不能寐，曾七临吊唁，哭声震天，足见主人在冯跋心中的分量，以及他对北燕王朝的价值。

主人的早逝，对根基不稳的北燕王朝

来说是一个巨大的损失。之后，北燕政权在交接时出现了自相残杀，再加上强敌北魏的进攻，在主人死后仅20年，北燕就灭国了。

余音绕梁

辽宁北票西官营子村东有座被称为“将军山”的山岗，下面的馒头沟，历来有“王坟”的传闻。当1965年村民们无意间发现大墓时，有些人便生了歹心。他们害怕墓内有暗器，又看到四壁有彩绘壁画，便用钩耙一阵乱挠，又将随葬品盗掘一空。幸好公社发现了此事，破获了此案。随后，文物部门对墓葬展开了清理发掘，墓中出土470余件精美的器物，在当时被称为一号墓的墓葬中出土了“范阳公章”金印一枚、“大司马章”鎏金铜印一枚、“车骑大将军章”鎏金铜印一枚、“辽西公章”鎏金铜印一枚，与文献资料进行对比后，考古学家认为能拥有此等印章的只有北燕国国王冯跋的弟弟、北燕国的缔造者之一——冯素弗。而这件鸭形玻璃注也于墓中出土，向人们讲述着1600多年前的传奇故事……

木板漆画

现居地
山西博物院

外形特征
5 块拼合起来，跟写字台的桌面差不多大小

属性
漆画

个性签名
屏风上的彩绘连环画

毛遂自荐

我于1965年在山西大同北魏司马金龙与夫人的合葬墓中被发现。我由5块木板组成，表面的漆画从上至下分为4段，每段都绘有不同主题的人物和故事，就像是一本彩绘连环画。在每一幅画面的旁边都有贴心的“小提示”，用简单明了的文字，说明画中人物的身份及故事。

不朽之谜

我身披朱红色的外衣，正反两面都绘有精美的漆画，用黑色和彩色的漆来勾勒人物和书写文字，文字部分以黄色为底，色泽艳丽。

通常来说，漆器这种有机质文物是很难保存的，但我历经千余年，仍保存完好。这首先要归功于我的胎体，我由一组上好的柏木制成，材质坚韧。柏木含有树脂和天然的芳香

精油，可以起到干燥、杀虫、防蛀和抗腐的作用。其次，柏木外包裹厚实且坚硬无比的涂漆层，也起到了很好的保护作用。

有了极佳的材料，还需要精巧、细致的工艺打磨，才能发挥出1＋1＞2的效果。首先是在柏木的木胎上髹（xiū）满红漆，红漆由生漆与朱砂调和而成，刷一层漆后，就在阴凉通风处阴干；仔细打磨后，再髹红漆，反复若干次；最后在上边作画、题字，这才成就了我的鲜艳色泽。

好看又实用

除了工艺复杂外，在上漆时还有一个难点，那就是漆比墨汁更加黏稠，如何流畅、自然地描绘形象呢？这主要归功于工匠的精湛技艺，使我身上的这些人物，看起来活灵活现、简洁大方。色彩斑斓、精美绝伦的我是一个货真价实的"实力派"，5片木板两侧的连接处都用榫卯严丝合缝地连缀起来，组成一组完整的彩绘漆屏风，具有实用价值。左、右、后3面围在床榻周边，用来挡风，同时隔开空间，周边还有帷帐。要知道，这种床榻屏风在汉魏三国时期可是高等贵族家居中最流行的陈设。

汉朝是我国古代漆器工艺发展的鼎盛时期，但漆器制作极为费时费力。在汉朝的《盐铁论》中就有这样的记载："一杯棬用百人之力，一屏风就万人之功。"意思是说制作一只漆器酒杯花费约100人的必要劳动时间，那一扇漆屏风就需要上万人的必要劳动时间，足以想见我的珍贵程度了吧。

墓主人司马金龙究竟是何人，才能享受如此奢华的屏风呢？这要先从我所处的时代——北魏说起……

星汉灿烂

北魏是鲜卑族拓跋珪建立的政权，也是南北朝时期北朝的第一个王朝。鲜卑族是从东北大兴安岭走出来的游牧民族。随着势力的壮大，他们辗转向中原地区靠近，逐渐发展强大，建立代国，定都盛乐，也就是今天内蒙古的和林格尔县。公元398年，迁都到平城（今山西大同），改国号“魏”，史称北魏。经过不懈努力，北魏结束了“五胡乱华”的120年动荡局面，统一了中国北方。

南北朝是我国历史上最动荡、最混乱的历史时期。但正是这样的动荡与混乱，促进了各民族文化的大交融，游牧民族新鲜的元素注入中原文化中，表现出勃勃生机。

我们粗看这件漆屏风，似乎很难将其与北魏少数民族的文化联系起来。屏风上所绘的都是汉文化经典《史记》《列女传》《孝子传》中所记载的忠臣、孝子、列女等历史人物故事。汉朝非常流行这种强调传统儒家伦理道德，用典型故事来规诫和教化人民的做法。而且故事中的人物形象、衣着服饰等，处处都是典型中原文化的风格，在漆画一旁的题记和榜题文字，兼具隶书与楷书风格，更是不可多得的北魏书法真迹。考古专家还对木板所使用的颜料进行分析，发现与马王堆汉墓出土漆器所用的颜料基本一致。

这样看来，这件漆屏风无论是在绘画主题、绘画内容，还是在制作工艺上都沿袭了汉朝的传统。那么，为什么它会出现在北魏呢？有没有可能这件漆屏风就是中原文化的产物，只是墓主人司马金龙十分喜爱，将其带到了北方呢？

这件漆屏风边框处装饰的环状缠枝忍冬纹中似乎暗含了线索。忍冬纹在北朝时期盛行，是当时典型的少数民族装饰元素。由此可见，这件漆屏风是一件南北朝文化交流融合的产物。

风流人物

根据墓葬中出土的墓志，我们知道这是司马金龙和夫人的合葬墓。男主人司马金龙，是1500多年前北魏平城，也就是今天山西大同的最高行政长官。很多人听到他复姓司马，又是距离三国很近的南北朝时期人物，就会联想到我们耳熟能详的三国人物司马懿，他们之间会不会有什么关系呢？司马金龙正是晋宣帝司马懿弟弟的后代，是晋朝的皇族子弟，出身非常显赫。

一个纯正的汉族皇室子弟怎么会成为北魏的重臣呢？这要从司马金龙的父亲司马楚之说起。西晋灭亡后，晋朝皇室遭受了灭顶之灾。在外族铁骑的压制下，他们不仅失去了荣华富贵，也失去了生活的家园。作为皇室宗亲的司马楚之没有和新皇帝一起前往南方，而是辗转到了北魏，并且一直在北魏任职，直至去世。他还与北魏皇族宗室公主联姻，生下了司马金龙——一个汉人与鲜卑人的“混血儿”。

北魏政权靠着武力统一了北方，但统治者清楚地意识到，他们的民族较为原始，缺乏文化积淀，想要一统中原，不仅要不断壮大自己的军事力量，更要学习先进的汉文化。在这种情况下，北魏统治者从政治

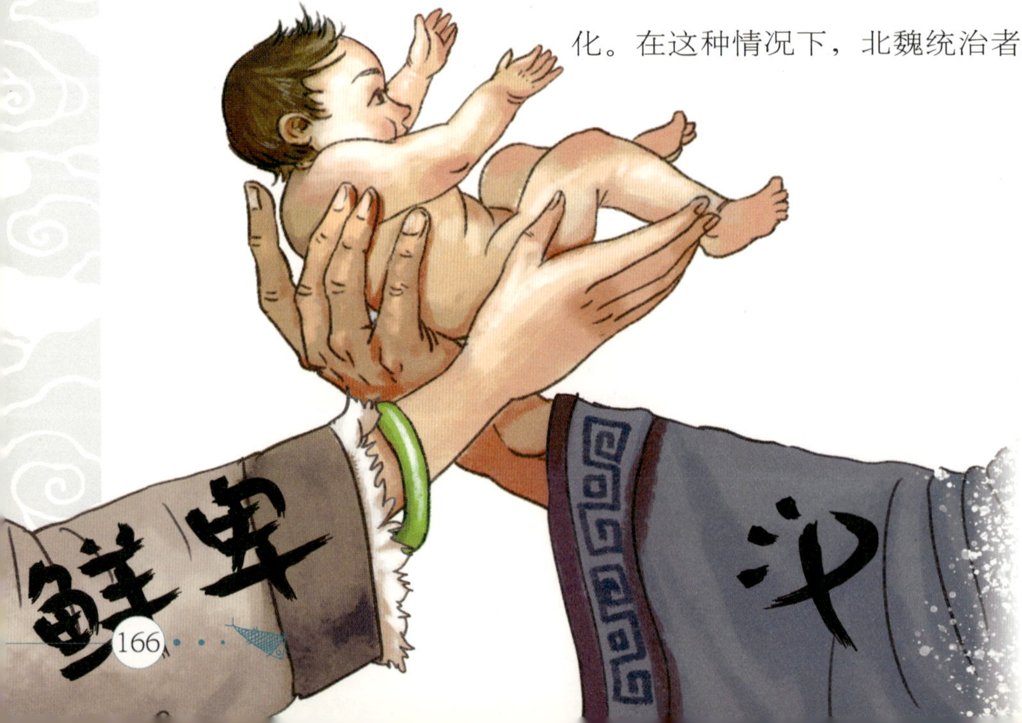

制度、生活方式、语言文字、文化艺术等方面向汉族靠拢，改汉姓、穿汉服、说汉话，与汉族人通婚，任用汉人为官等，大量借鉴、吸收汉文化。于是，像司马金龙的父亲司马楚之这样的汉族贵族，在北魏颇受重用。

司马金龙承袭了他父亲的爵位，先后担任镇西大将军、云中镇大将、朔州刺史、吏部尚书等职务，迎娶了北魏的武威公主，加强巩固政治关系。因此，他的墓葬里出土这样兼具两种民族风格的珍贵彩绘漆屏风也就不足为奇了。

余音绕梁

1965年冬天，尘封千年的司马金龙的墓葬被村民意外发现。虽然这座墓早期曾被盗，但仍出土了各类文物450余件。这些出土文物和墓室形制所表现出的墓葬习俗，既有北魏鲜卑族的特色，又有南朝汉人的特点，很好地诠释了墓主人司马金龙南北融合的人生经历。

这座墓是一座典型的北魏砖砌墓葬，分前室、后室、耳室，各室之间有甬道相通。在后室西侧还有雕刻精美的石床，上面放置墓主人司马金龙夫妇的棺木。墓室中也保留了不少南朝的习俗，比如在墓砖的一侧镌有“琅琊王司马金龙墓寿砖”的阳文。在墓门券顶上部镶有石质的墓主人墓表，在甬道前部东侧放置有墓志铭等。司马金龙墓随葬大量的釉陶俑，这些陶俑可分为步兵俑、骑兵俑、武士俑、仪仗俑等，它们跟司马金龙生前曾担任将军和北魏尚武的文化有密切的关系。司马金龙夫妇合葬墓作为北魏建都平城时期汉胡联姻的一座典型墓葬，表现出的葬俗，以及出土文物兼具汉族和鲜卑族的特点，对于研究北魏和南朝的融合有着十分重要的参考价值。

这就是我身上关于北魏时期的鲜卑族与汉族文化的故事，欢迎来山西博物院看我哟！

虞弘墓石椁

现居地
山西博物院

外形特征
比普通棺材还要大一圈

属性
石

个性签名
这就是国际范儿!

毛遂自荐

所谓“内棺外椁”，其实是说盛放尸体的器具不止一层，里面的称棺，外面的叫椁。我就是最外面那一层，因主人名为虞弘而得名“虞弘墓石椁”。

我的长、宽、高均超过2米，体积巨大，由汉白玉雕凿而成。在我身上还能见到中国古代建筑中常见的屋顶式样——歇山顶。为什么叫这个名字呢？主要是因为其脊梁到屋檐处中间折断了一次，就好像歇了一歇。我由顶、身和底座3部分组成，有数十块构件。我身上的浮雕，不仅上了颜色，还在局部有描金。画面的内容非常丰富，有宴饮、乐舞、射猎、家居和行旅等场景，还有各种各样的形象，如长着翅膀和鱼尾

的神马、脖子上系着绶带的鸟，还有咬着牛的狮子等。

仔细看，你还会发现石椁浮雕上所描绘的人物高鼻深目，并非汉人面貌，他们被史书称为“胡人”，是来自西域的民族。此外，石椁上大量出现的狮子扑咬人畜的形象，是波斯艺术中常见的题材；而骆驼、大象、阿拉伯马的形象，也无不洋溢着西域气息。学者们经统计发现，就在这个十几平方米的浮雕上至少包含了波斯、印度和鱼国等地的文化因素，还带有希腊、斯基泰、粟特遗风，简直就是当时世界的一部艺术百科全书。那么为何这座石椁如此国际化呢？这还要从墓主人生活的时代说起……

星汉灿烂

虞弘生活在中国历史上的北朝时期，有“北”就有“南”，同一时期确实也有“南朝”，所以这段时期在历史上称为“南北朝”。北朝是存在于北方5个朝代的总称，包括北魏、东魏、西魏、北齐和北周；而南方地区则相继出现了宋、齐、梁、陈4个朝代。根据墓中墓志铭判断，虞弘生于北朝的北魏时期（公元533年），于隋代开皇十二年去世（公元592年），他的一生贯穿整个北朝。

这一时期的山西大地上风起云涌，成就了许多乱世豪杰。北魏拓跋氏是从山西大同起兵得天下的；北周宇文氏从山西代州起兵；而晋阳，也就是今天的太原，是北齐政权的发迹地，因此有“北都霸府”之称。

北朝的政权大多是由少数民族建立的，历经百年统治，已经开启了一个宏大的民族融合潮流。在人们的印象中，似乎只有盛唐时期的长安城才有万邦来朝的盛况，殊不知北朝的山西，也是一个非常“国际化”的存在。在这里有汉人，有各少数民族，还有许多来自遥远国家的人。而且这时入华的中亚人、西亚人，除了前朝常见的商人、伎乐者外，还有做官的、绘画的、从事各种手工业的……接下来，就为你介绍我的主人——虞弘的故事。

风流人物

公元592年，也就是隋朝开皇十二年，时年59岁的虞弘，即将走到他人生的尽头。回首这一生，他无限感慨：想自己13岁时就开始随家中长辈出使各国，走过千山万水，见过万千风景；后来到了北齐统治境内，便扎根中原朝廷，历经北齐、北周、隋三朝而不倒，可以说是一棵“官场常青树”，享尽荣华富贵。可在他心里，一直有一个遗憾，那是一种强烈的、对于故乡的思念，是人之将死而生发出的落叶归根的念想……

回到那永恒的故乡

虞弘是鱼国人。鱼国在哪儿？有人认为在新疆，有人认为在中亚，也有人说在西亚伊朗高原。因为弄不清楚虞弘的祖籍，所以很难判断他的民族。研究者只能通过虞弘遗骸上的DNA来做一个大致的判断：他是印度-欧罗巴人种，体质上很可能接近伊朗人，也可能是粟特人、回纥人、斯基泰人等。

鱼国是个小国，总受周边强国的支配，当时依附的是中亚的强国——柔然。鱼国人做生意的很多，所以就掌握了很多重要的外交情报，因此也有很多人在别国任外交官。

虞弘自青少年时离开故乡后，很多年都没有再回去，他可能非常想念那个遥远的故乡，所以为自己准备了一个西域风格的墓地，石椁便是其中的代表。石椁上的雕刻，有故乡丰茂的葡萄园，有中原少见的狮子和大象，还有与中原不同的舞蹈和乐器。除此之外，上面也记录了他在外漂泊这些年的所见所感：你

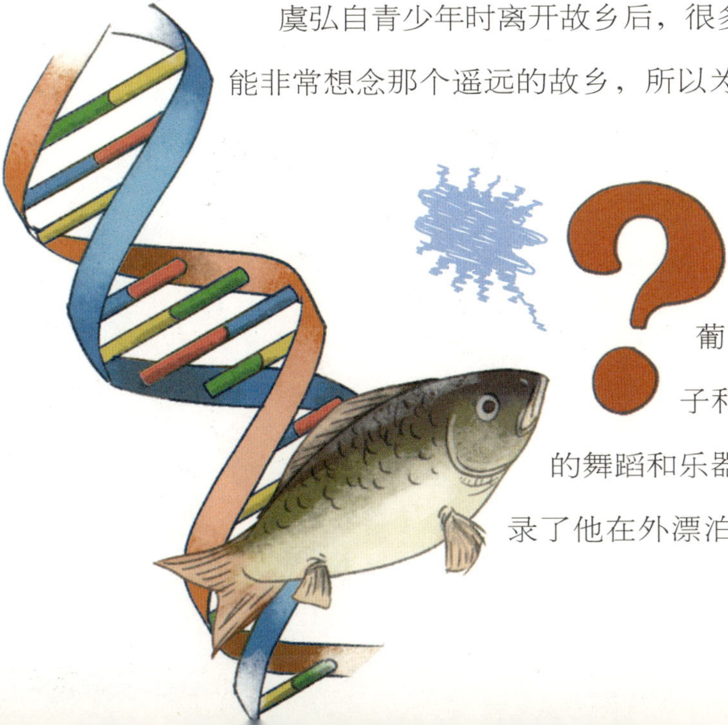

可以看到图案中对萨珊王朝繁华生活的复现；还有那带翅膀的马、半人半鸟的神兽，以及各种想象中才存在的动物和神灵，它们一定也寄托了虞弘的托付，助他的亡灵，回到那永恒的故乡……

“官场常青树”

北齐统治时期，虞弘作为使节来到中原。但最开始，他并没有受到高规格的接待，而是作为人质被扣留起来，因为当时柔然和北齐政权关系已经破裂。所幸没多久，柔然王朝被其他族灭了，北齐政权也就没有什么后顾之忧了，于是开始起用虞弘。

这是一个非常重视胡人的朝代，统治者们都对胡人和他们带来的东西感兴趣。朝廷养了胡人歌舞团，还给他们每个人都封了王爵，就连皇帝的波斯狗都被封了大官。当时还风靡一种类似于飞行棋的游戏，叫作“握槊（shuò）”。据记载，有一天北齐的两位重臣在玩握槊，手下人来报，说重镇寿阳被敌国夺走了，两位大臣都没搭理，继续玩自己的，还说道：“本来就是陈国的，随便他们拿回去。”

这事很快传到了北齐皇帝耳中，他感到有一点儿担忧，可是大臣劝慰道：“没事的，就算我国丢了黄河以南的所有土地，不也还能做个龟兹国吗？还是及时行乐重要，陛下您就别发愁了。”皇帝听后觉得很有道理，于是又和臣子们沉浸在一片欢声笑语中。如此衰败堕落的北齐王朝，果然没多久就被北周取而代之。

虞弘基于自己的外国人身份，没有受到改朝换代的影响，相反，他凭借自身经验和资源，受到朝廷提拔，成为职掌在华外国人事务的“检校萨保府”。这一时期，从上到下，由朝廷至民间，都流行胡风。晋阳城里胡人的数量也越来越多，呈现出汉、鲜卑、西胡杂糅的格局。

随后北周的大臣篡了位，建立了隋

朝，虞弘依然受到重用。他临终前担任隋朝的仪同三司，食邑达到了600户之多，直到他59岁时，死在了晋阳。

像虞弘这样来自遥远异邦的人，在中国北方政权做官的情况并非个例，当时还有许多西域来客凭借军事和外交才能，成为有一定级别的武将或外交官。统治者为了得到这些部族的支持，也表达一种包容的态度，往往会拉拢这些颇有社会地位的“异族人”，虞弘无疑是其中的佼佼者。

余音绕梁

除虞弘墓外，近年还发现了安伽、史君、康业等人的墓，研究表明，这些移居华夏的“外国人”，地域、民族来源不同，汉化程度也有差别，其中属虞弘墓的外来文化特色最浓，石椁上甚至有表现西方宗教信仰的祭祀仪式。

石椁上雕刻着一个束腰形祭坛，还燃有熊熊火焰，祭坛两旁各站立一个人，他们拥有鸟的身体、人的脸庞……

诸如这些“外国”元素，无不在传达着墓主人浓厚的思乡情绪。如果你也想亲自感受下墓主人的这种故乡情，或者想看看1400多年前的国际范儿，欢迎你到山西博物院来。

娄睿墓壁画

现居地

山西博物院

外形特征

相当于半个标准篮球场的面积

属性

壁画

个性签名

200 多匹骏马的大合照

毛遂自荐

我诞生在一座北齐时期的墓葬中，是一个非常有存在感的大家伙。在整个墓葬的两壁，天井、甬道、墓门、墓室，遍布着我的身影。虽然1400多年过去了，还曾经历了盗墓贼的“光顾”，但我仍然色彩鲜艳且保存完好。我所表现的内容非常丰富，分别用写实和想象两种手法来描绘墓主人生前的戎马生涯和生活场景，而獬豸、凤凰、神兽、十二生辰和天象图等构成了死后升仙的幻境。

我的主人娄睿是鲜卑望族，骁勇善战，屡获战功。他也是个爱马之人。相传娄睿曾花重金从粟特人手中买来20多匹西域的汗血宝马，随他征战沙场。可惜他最喜爱的一匹名为“灵兽”的骏马在一次与北周的战斗中中箭身亡，于是娄睿请当时最著

名的宫廷画师杨子华为他画下这匹爱马，希望在另一个世界里，爱马能陪伴在他左右。

位于马队中核心位置的，当然就是墓主人娄睿啦！他稳稳地坐在马上，双手持缰，任马缓行，双眼正视前方，大方庄重，他的爱马“灵兽”也信步前行，自在从容。娄睿身旁还有7位随从和两匹骏马。娄睿右边的那位随从骑在一匹赤马上，扭头窥视，动势十足，身后还有6人同行，但动作各异，有的前视，有的左顾，还有人回首张望。

这幅描绘娄睿出行、众骑相随场面的画作被称为《鞍马出行图》，是我最引以为傲的精彩部分，画面以长卷式构图，总长近70米，高1.7米左右，前后共计有200余匹相态各异的骏马。在整个墓室中共有像这样的大大小小的壁画71幅，足以想见我的庞大。

要制作场面如此宏大的壁画绝非易事。我和中国传统纸本或绢本绘画不同，作画前要先“作画纸”：工匠们用草拌泥在墙壁上抹约2厘米的厚度，叫作地仗，再在地仗上面刷一层白灰，这就形成了一张竖直铺平的“画纸”。趁着地仗和白灰层湿软时，用竹签一类的东西先勾勒出壁画轮廓，随后用淡墨勾出底稿，再敷色晕染。设色时使用朱砂、赭石、石黄、石青、石绿等矿物颜料，采用平涂或渲染的手法，由于矿物颜料纯净而色彩鲜艳，与白灰壁面相互映衬，形成明快、空灵的清新效果。画家以高超的线描技巧，勾勒出马儿飞驰、嘶鸣的状态，不仅线条千变万化，如行云流水，还十分注重空间层次，前后相互关联，对现实场景进行了高度还原。

现在，就让我们跟随着马队，一窥北齐时期的绘画风格与生活风貌吧！

星汉灿烂

北齐所属的北朝时期是中国历史上的一个分裂动乱的时期。在这个时期，少数民族的力量非常强大，其统治者们被汉文化的博大精深所征服，他们在继承自己文化的同时，不断学习汉文化，因此这一时期呈现出各民族文化交融的特点。

从地理位置来看，晋阳（今太原）是北朝时期丝绸之路上一个重要的节点、对于南下经商的北方人来说，晋阳是他们进入中原的第一站，由此逐渐形成了以晋阳为核心的长安（今西安）—洛阳—邺城—平城（今大同）等多个大中城市组成的交通网络，国内、国外贸易频繁，各地商人络绎不绝，而晋阳则当之无愧地成为各国、各民族之间商业贸易的中心。

晋阳的经济、文化发展到了空前的高度，也成了各个民族聚居之地。各民族的文化在这里相互碰撞，相互吸收，这也在以娄睿墓为典型代表的已发掘的墓葬随葬品和壁画中得到体现。

娄睿墓精彩绝伦的壁画，绝非一般的工匠可以完成。虽然在我身上找不到创作者的落款，但目前学界的多数观点认为，我的创作者正是北齐时期的著名画家杨子华。

杨子华是北齐世祖高湛的爱臣，善画贵族人物、宫苑、车马，所画马匹尤其生动逼真。据传，他在壁上所画马匹甚至能使观者产生幻觉，仿佛能听到马儿嘶鸣的声音。

杨子华在北齐画坛占有重要地位，深受帝王的重视，是御用画家。他在继承中原绘画传统的基础上，又有所创新。他曾画过《斛（hú）律金像》《邺中百戏图》《北齐贵戚游苑图》等，而且还为邺中、长安等地的寺观作画，但都没能流传下来。关于杨子华的画迹，唯一可供参考的是现藏于美国波士顿美术博物馆的《北齐校书

图》的宋朝摹本。此画虽是摹本，但在基本风格上仍保存了唐以前的风格。而这幅墓室壁画，则是北朝画风的再现，还极有可能是杨子华的真迹。

北齐在中国历史上如昙花一现，只存在了短短28年时间，而绘画作品留存至今的也是少之又少。我的出土填补了北齐绘画史上的空白，不仅在中国美术史上占有重要的地位，而且对研究当时的社会意识形态以及贵族的生活面貌提供了重要的依据。

风流人物

墓主人的身份在墓志铭和墓盖上有清楚交代，“齐故假黄钺右丞相东安娄王之铭”就指出这是“娄王”的墓。而娄王就是娄睿。娄睿家世显赫，出身于东魏、北齐两代地位显赫的鲜卑望族——娄氏家族，是北齐武明皇太后娄昭君宠爱的亲侄子。

娄睿随北齐神武帝高欢起兵，屡立战功，荣耀一时，在北齐建立后被封为骠骑大将军。娄睿虽然在打仗上颇有一套，却不是一个清廉正直的好官，早在他担任光州刺史时，就经常贪污钱财，在升为骠骑大将军后，更是屡屡贪赃聚敛财富。他也曾因为贪婪无度被削官免职，但很快又凭借着外戚的身份，在加官、免职、再加官的反复中步步高升。他始终手握重兵，是镇守陪都晋阳的高级贵族，以太傅、太师兼尚书事、尚书令而成为总领帝机的重臣。

娄睿生前的奢华享乐从他墓室的壁画中也可以看出，富丽堂皇的宫廷中是衣着华丽的歌舞乐伎，还有他骑马归来时，侍从们恭敬迎候的威严景象，无一不反映出他生活的气派。

娄睿卒于武平元年（公元570年）二月五日。

余音绕梁

娄睿墓的发现颇具戏剧性。该墓早年曾被盗掘，在历史上长期被误认为是北齐斛律金墓。因为根据地方县志的记载，县城西南15里，也就是这个墓葬所在地，是斛律丞相墓。甚至1979年，考古专家和文物工作者在对该墓进行发掘清理时，也是依照斛律金墓的发掘方案进行的，直到墓中出土的墓志铭和墓盖揭示了墓主人的身份，这才证实了方志的谬误。

这就是我的故事了，想要一睹北齐时期的金戈铁马，就来山西博物院找我吧！